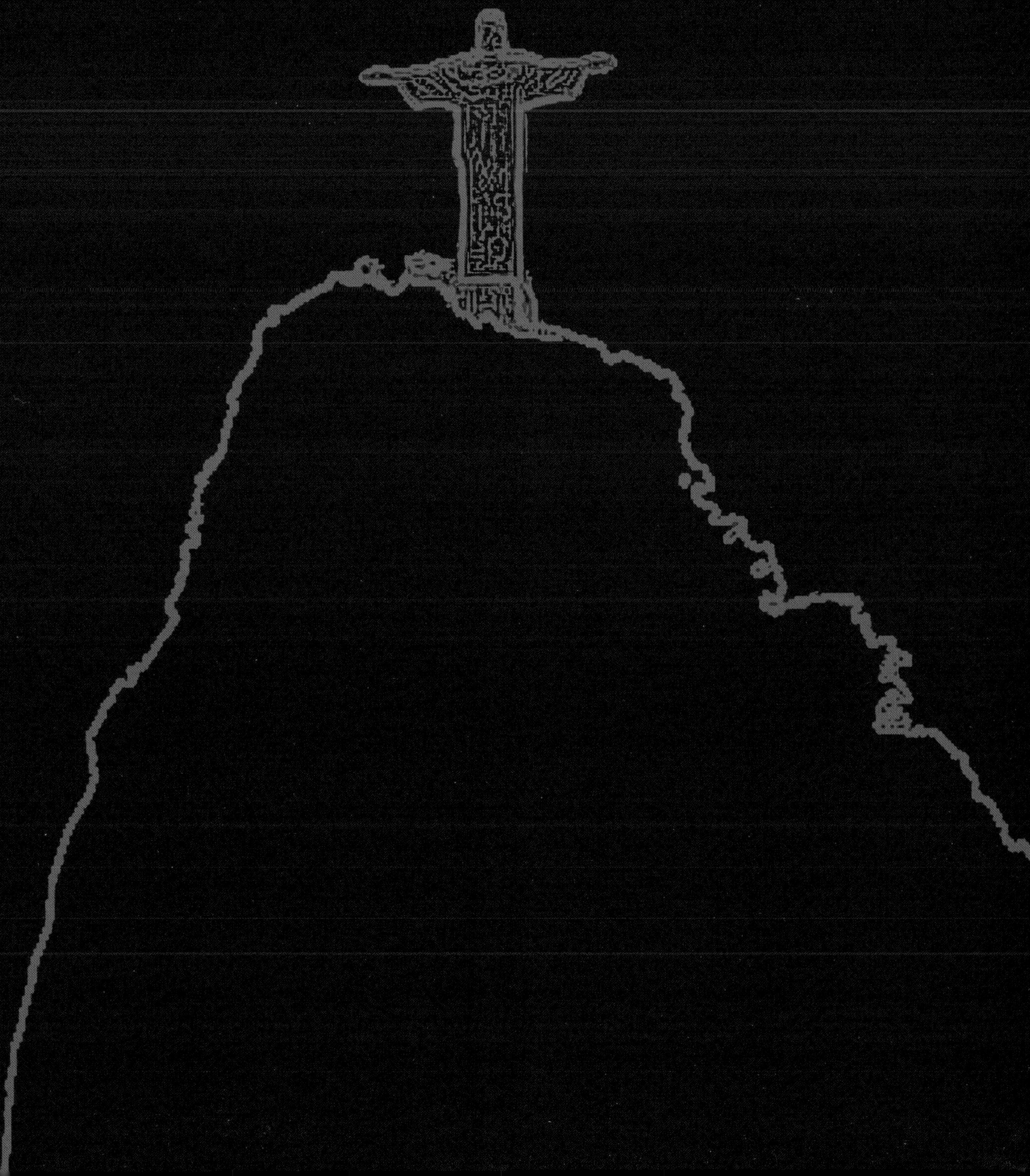

Reise durch

BRASILIEN

Bilder von

Michael Pecha

Texte von

Klaus Minihuber

Stürtz

INHALT

Erste Seite:
Die Aras gehören zu den buntesten Waldbewohnern Amazoniens. Ihr sehr kräftiger Schnabel dient als Kletterhilfe und als »dritter Fuß«, mit dem sie auch hartschalige Nüsse knacken können.

Vorherige Seite: *Die Farbenpracht des Karnevals von Rio de Janeiro äußert sich in den reich geschmückten Kostümen, die treffend als »fantasias« bezeichnet werden.*

Unten: *Mit dem Boot lassen sich die Weiten des Pantanal am besten erkunden. Diese Sumpfregion im Südwesten Brasiliens weist eine unvergleichliche Artenvielfalt auf.*

Seite 10/11: *Zahlreiche Städte Brasiliens – wie hier die ehemalige Goldstadt Ouro Preto in Minas Gerais – sind durch den typischen, portugiesisch beeinflussten Kolonialstil geprägt.*

TOPAZ
PEDRAS
JOIAS
ARTESANAT

BRASILIEN – EXOTIK

Die Wasserfälle von Iguaçu im Süden Brasiliens zählen zu den beeindruckendsten Naturspektakeln der Erde. Im Dreiländereck von Brasilien, Argentinien und Paraguay ergießen sich ungeheure Wassermassen aus einer Höhe von bis zu 72 Metern in die Tiefe.

Was fällt einem Europäer ein, wenn er das Stichwort »Brasilien« hört? Zuckerhut. Fußball. Brasil-Zigarren. Samba. Kaffee. Amazonas. Vielleicht die Hauptstadt Brasília mit ihrer epochemachenden Modernität. Doch es versteckt sich noch viel mehr hinter diesem exotischen Ländernamen.

Brasilien, das fünftgrößte Land der Welt und die Hälfte Südamerikas, verdankt seinen Namen einem Baum. Schon bald nach der Entdeckung stießen die Portugiesen überall an der Küste des »neuen Landes« auf Wälder des leicht schimmernden Rohstoffs, der ihnen zu Reichtum verhelfen sollte. Schnell wurde das rötliche Brasilholz, abgeleitet von »brasa« (rote Glut), als edles Naturprodukt erkannt, aus dem sich Möbel und Musikinstrumente herstellen ließen. Die Holzhändler bekamen den Namen »brasileiros« – und einige Zeit später nannte man alle Einwohner des Landes so.

Auch heute verknüpft man Brasilien wieder mit Holz, mit Wald: mit den Regenwäldern am Amazonas. Das Land ist eines der beliebtesten Reiseländer Südamerikas, nicht zuletzt wegen der Gastfreundschaft und der Lebenslust seiner Bewohner, wegen der Musik und der folkloristischen und kulturellen Höhepunkte. Kunst von Weltbedeutung prägte Brasilien in den verschiedensten Epochen, angefangen von den zahlreichen Monumenten barocker Baukunst aus der Kolonialzeit bis hin zur Retortenstadt Brasília, mit deren Konzeption Architekt Oscar Nie-

meyer die »supermoderne Stadt inmitten des Urwalds« geschaffen hat, die seit 1960 Brasiliens Hauptstadt ist.

Der umliegende tropische Naturraum umfasst Landschaftsstrukturen sehr vielfältiger Art. Die mehr als 145 Millionen Menschen, die hier wohnen, haben sich zumeist in den Küstenbereichen angesiedelt. Das »Hinterland« ist noch immer zu großen Teilen unberührt. Man unterscheidet im Wesentlichen folgende Gebietsteile mit sehr unterschiedlichen Klimaten: das brasilianische Bergland, den größten Teil des im Norden liegenden Amazonas-Tieflandes sowie die südliche Abdachung des Guyana-Berglandes. Die bergigen Landesteile sind nur zu drei Prozent höher als 900 Meter.

Die Landessprache ist portugiesisch, und mit Portugal ist natürlich Brasiliens Geschichte eng verknüpft. Die heutige »typisch brasilianische« Lebensweise allerdings setzt sich aus mannigfaltigen ethnischen Elementen zusammen, aus dem Substrat der indianischen Ureinwohner und dem hinzukommenden Einfluss aus Europa und Afrika.

Das Land lieferte dem europäischen Kontinent zwar keine neuen Importwaren, die dort die Lebensgrundlagen hätten verändern können: Mais und Kartoffeln kamen aus dem spanischen Lateinamerika. Doch die Produkte, die Brasilien bis heute in die Alte Welt liefert, charakterisieren das achteinhalb Millionen Quadratkilometer große Land: Der schon immer hoch geschätzte Kaffee wird mittlerweile von Soja als Exportware Nummer eins vom Spitzenplatz verdrängt. Das Ausfuhrangebot Brasiliens fächert sich breit. Von Orangen und allerlei anderen Früchten bis hin zu Baumwolle, dem berühmten Tabak und sogar Eisenerzen hält das fruchtbare Land eine Vielzahl von Schätzen bereit.

Die Namen der großen Städte klingen wie Musik aus einer anderen, traumhaft-fremdartigen, verlockenden Welt und stehen zugleich für dichtgedrängte Multikultur: São Paulo (16 Millionen), Rio de Janeiro (10 Millionen), Belo Horizonte (3 Millionen), Recife (2 Millionen). Und wenn Stefan Zweig 1941 Brasilien ein »Land der Zukunft« nennt, so kann die Begründung dafür noch heute gelten: »Brasilien hat das Rassenproblem auf die einfachste Art ad absurdum geführt: indem es seine angebliche Gültigkeit einfach ignorierte. Auf dem Prinzip der freien und ungehemmten Vermischung, der Gleichstellung von Schwarz und Weiß und Braun und Gelb. Wer das Land wirklich zu erleben weiß, der hat Schönheit genug für ein halbes Leben gesehen.«

Inmitten des Amazonas-Gebietes entstand am Höhepunkt des Kautschuk-Booms Ende des 19. Jahrhunderts das Teatro Amazonas von Manaus. Die luxuriöse Innenausstattung des 1896 eröffneten Opernhauses wurde zur Gänze aus Europa importiert und ist bis heute Symbol des vergänglichen Reichtums dieser Epoche.

ENTDECKUNG UND KOLONISATION

Die Geschichte des südamerikanischen Landes beginnt mit einem Kuriosum: Der »Vertrag von Tordesillas« teilte 1494 Zentralamerika in zwei Einflusssphären: die spanische westlich einer etwa dem 49. Breitengrad entsprechenden Linie, und die portugiesische östlich davon. Zu dieser Zeit wusste Europa noch gar nichts von der Existenz Brasiliens. Erst fünf Jahre später, am 26. Juni des Jahres 1499, setzte der erste Europäer seinen Fuß auf brasilianischen Boden, Columbus' Weggefährte Vincente Yanez Pinzon. Im Jahre 1500 steuerte Pedro Álvares Cabral auf seiner »Indienfahrt« die Küste an und nannte das Land »Ilha da Vera Cruz«. Sein Schreiber, Pero Vaz de Caminha schildert das in einem Brief an den portugiesischen König Manuel so: »Der Kapitän gab dem Lande den Namen Terra de Vera Cruz. Am Morgen (23. April) setzten wir Segel und fuhren auf das Land zu. Von Bord aus konnten wir Menschen am Strand erkennen. Braun und nackt, ohne irgendwie die Schamteile zu verdecken, hielten sie in den Händen Bogen und Pfeile. So liefen sie geradewegs auf die Boote zu. Nicolau Coelho bedeutete ihnen durch Zeichen, die Waffen niederzulegen. Sie taten es. Eine Verständigung oder ein Gespräch mit ihnen war bei der starken Brandung des Meeres unmöglich.«

Drei Männer erhielten den Befehl, sich unter die Eingeborenen zu mischen: »Wie sie später berichteten, kamen sie nach gut einer halben Meile an ein Dorf, in dem es neun oder zehn Häuser gab, von denen jedes einzelne so lang wie unser Flaggschiff war. Aus Holz gebaut, die Seiten von Brettern, von Stroh gedeckt und von ziemlicher Höhe, bildeten sie einen einzigen Raum, ohne irgendwelche Zwischenteilung. Lediglich zahlreiche Pfosten waren vorhanden, und von Pfosten zu Pfosten waren Hängematten gespannt, in denen sie schliefen. Darunter, sich zu wärmen, unterhielten sie Feuer. Jedes Haus hatte an zwei entgegengesetzten Seiten je eine niedrige Tür. In jeder Hütte hielten sich dreißig bis vierzig Menschen auf.« Und über das Land heißt es dort: »Der Erdboden

ist eben, und von Wäldern bedeckt. Von Landspitze zu Landspitze ist alles sehr ebener und herrlicher Strand. Das Hinterland schien uns, vom Meere aus gesehen, sehr groß; wenn wir die Augen wandern ließen, erblickten sie nur Land und Wälder, Land das uns sehr ausgedehnt erschien. Bis jetzt konnten wir noch nicht erfahren, ob es Gold oder Silber oder Metallsachen oder Eisen darin gibt; wir sahen auch nichts dergleichen. Immerhin hatte das Land an und für sich sehr gute Lüfte.«

Amerigo Vespucci, ein italienischer Wissenschaftler, betrat das Land ein Jahr später. Er brachte als erster das Exportgut Brasilholz zur Iberischen Halbinsel. Zwischen 1530 und 1532 begann mit einer Expedition des Martin Alfonso de Souza die systematische Kolonisation, um einer französischen Besiedlung zuvorzukommen. Die erste Stadt wurde gegründet (São Vincente), man schuf die Voraussetzungen für eine Zuckerrohr-Plantagenwirtschaft. Die Gründung von 15 »Capitanias« (erblichen Lehen) wurde die Basis für den späteren Feudal-Grundbesitz und die heutigen Staaten Brasiliens. Im Jahr 1549 machte die portugiesische Krone Salvador da Bahia zur ersten Hauptstadt des Landes. Jesuiten gründen 60 Kilometer von der Küste entfernt die Stadt São Paulo. In der Bucht von Rio de Janeiro entsteht eine Hugenottensiedlung. Indianerkriege toben, die die Vorherrschaft der Europäer im Lande stabilisieren. Franzosen, Spanier und Holländer sind ebenfalls an dem großen Kolonialgebiet Brasilien interessiert. Banditen (bandeirantes) durchstreifen Teile des Landesinneren auf der Suche nach Edelmetallen. Aus Afrika werden jährlich 20 000 Sklaven eingeführt. Die Gold-Konjunktur beginnt, und die Grenzen der Rassentrennung zwischen Konquistadoren und Ureinwohnern fangen an zu verschwimmen.

UNABHÄNGIGKEIT VON PORTUGAL

Schon in den Jahren zwischen 1600 und 1770 hatte es mehrere Versuche gegeben, die portugiesische Herrschaft zu erschüttern. Die Niederländer versuchten, Teile des Landes zu erobern; Franzosen und Engländer nutzten die Konflikte im Mutterland Portugal aus, um sich wichtige Rohstoffquellen zu sichern, aber stets gelang das nur vorübergehend. Erst der Aufstand von 1789, die »Inconfidência Mineira«, richtete sich vehement gegen die Ausbeutung des Landes durch

Lissabon. Anführer der Bewegung, die von den Ideen der Französischen Revolution beeinflusst wurde, war Joaquim José da Silva Xavier, ein Zahnarzt, der nach dem Scheitern des Umsturzversuchs auf grausame Weise durch Erhängen und Vierteilen exekutiert wurde. Nach ihm, dem »Zahnzieher«, heißt heute sein Heimatort: »Tiradentes«. Erst 1815 konnte ein Gesetz über die Gleichstellung von Portugal, Brasilien und Algarve erzwungen werden. Es führte zur Einwanderung zahlreicher Italiener, Deutscher und Schweizer. Am 7. September 1822 wurde die Unabhängigkeit Brasiliens ausgerufen und Dom Pedro I. mit dem »Ausruf von Ipiranga« (Grito do Ipiranga) zum Kaiser proklamiert. 1831 erklärt Pedro nach vielen Wirren und Unruhen seinen erst fünfjährigen Sohn zum Nachfolger und dankt ab. Dom Pedro II. wird mit 14 Jahren für mündig erklärt und gekrönt. Noch ein ganzes Menschenalter musste ins Land gehen, bis 1888 durch das »Goldene Gesetz« die Sklaverei endlich aufgehoben wurde.

DAS REICH DES AMAZONAS

Der Norden Brasiliens wird durch den Amazonas geprägt, ein Riese unter den Flüssen. Der gewaltige Strom, der wasserreichste und der längste auf der Erde, entspringt in Peru. Er wird unter anderem von den aus den Anden kommenden Quellflüssen Marañón, Huallaga und Ucayali gespeist. Bei Tabatinga fließt er auf brasilianisches Gebiet. Das Stromgebiet umfasst sieben Millionen Quadratkilometer, und das Amazonas-Wasser durchfließt 6700 Kilometer, eine Strecke, die in Europa von Nordnorwegen bis Sizilien misst – und zurück. An manchen Stellen ist er bis zu 60 Kilometer breit und 100 Meter tief – nirgends ist die Breite geringer als fünf Kilometer. Die Wassermassen, die er ins Meer trägt, werden bei Mittelwasser mit 120 000 Kubikmeter in der Sekunde angegeben. Er ist mit Ozeandampfern befahrbar, und wo er in den Atlantik mündet, schmeckt das Meerwasser nach 200 Kilometern noch immer nicht salzig. Er hat 1100 Nebenflüsse, von denen acht wesentlich größer sind als der Rhein. Lassen schon die Zahlen dieser Wasserstraße staunen, so erst recht die Einzelheiten ihrer Erforschung.

Francisco de Orellana, ein Gefährte des Eroberers Pizarro, befuhr 1541 bis 1542 in acht Monaten als erster Europäer den Amazonas vom Quellgebiet bis zur Mündung. Er und seine Mannen durchquerten auf einem einfachen Floß den dichten Dschungel,

Das tropische Klima in weiten Teilen Brasiliens erlaubt das ganze Jahr über eine reiche Ernte von Früchten aller Art. Überall im Land bieten Kleinbauern ihre Produkte am Straßenrand zum Verkauf an.

sie stießen auf nie gesehene Bäume und Schlingpflanzen, auf bunte Vögel, sahen auch hin und wieder einige von den Ureinwohnern, den Amazonas-Indianern. Der Napo, ein Quellfluss des Amazonas, wurde immer breiter, immer mehr Nebenflüsse führten ihr Wasser zu. Als sie an eine Stelle gelangt waren, wo der Fluss mehrere Kilometer breit ist, tauften die Abenteurer ihn »Rio Mar« (Meeres-Fluss), weil man vom einen Ufer das andere nicht erkennen konnte. Plötzlich tauchten Scharen von Kriegern auf. Sie waren mit Pfeil und Bogen bewaffnet und entpuppten sich bei näherem Hinsehen als Frauen. Nackte bewaffnete Frauen, mit denen die Seefahrer in eine kämpferische Auseinandersetzung gerieten. Der Horde wilder, kampfentschlossener Frauen sahen sich die Eindringlinge unterlegen, so dass man es vorzog, den Rückzug anzutreten und zu entfliehen. De Orellana fühlte sich an Homers Schilderung von den Amazonen erinnert, jenem Frauenvolk, das nur den weiblichen Nachwuchs am Leben ließ, und das den Mädchen die rechte Brust ausbrannte, damit sie ihnen nicht beim Bogenspannen hinderlich sei. So strich der spanische Eroberer den Namen »Rio Mar« aus seinen Notizen und setzte stattdessen »Rio Amazonas« ein. So einleuchtend dieser mythische Bericht zu sein scheint, die prosaische Wissenschaft verlangt mehr als nur märchenhafte Anekdoten. So behaupten Sprachforscher, der Name des brasilianischen Superstroms leite sich von einem Wort der Tupi-Guarani-Indianer ab, das »amacunu« laute und »Wasserwolkenlärm« bedeute.

Nach dem Fluss nennt sich auch der größte Regierungsbezirk Brasiliens. Im Staat Amazonas gibt es viele Schönheiten zu entdecken. Seine Hauptstadt Manaus wurde im 17. Jahrhundert als Fort gegründet und erhielt im 19. Jahrhundert ein modernes Gesicht. Während dieser Zeit verhalf der Kautschuk-Boom der Stadt zu Reichtum, da hier die Rohgummiproduktion noch ohne Konkurrenz war. Ein Beispiel für den Wohlstand dieses Gemeinwesens ist seine Oper. Das Teatro Amazonas, 1896 der Pariser Oper nachgebildet, konnte sich Weltstars wie Caruso und »die Duse« leisten.

Im Amazonas-Becken befindet sich der größte Tropenwald unseres Planeten. Er liefert die Hälfte allen Sauerstoffs, den die Erdatmosphäre braucht. Die Region Amazonien hat zwei aufschlussreiche Beinamen: »Grüne Hölle« und »Letztes Paradies«. Einige Fakten entschlüsseln diese Benennung: Auf einem Hektar Regenwald kommen mehr Baumarten vor als in ganz Europa. Der Regenwald (Hyläa) besteht aus Galeriewäldern, die in verschiedene Zonen eingeteilt werden. Unter den so genannten »Igapo- und Mangrovenwäldern« versteht man Gebiete, die ständig unter Wasser stehen. Die nur periodisch überschwemmten Regenwaldflächen (Varzea) beherbergen eine der bekanntesten Pflanzen dieser Region: den Gummibaum (Hevea brasiliensis). Der größte Teil des Waldes, beachtliche 85 Prozent, wächst auf »Terra firme«, also auf nie überschwemmtem Land. Dort gedeihen Edelhölzer wie Rosenholz und Palisander, Gewürz- und Fruchtbäume blühen hier in ungeahnter Vielfalt.

Die Menschen, die heute im Regenwald leben, schlagen eine Brücke zwischen Vorzeit und Gegenwart, mit einer unbeschadet erhaltenen Jäger- und Sammlerwirtschaft. Bis zu 90 Prozent aller bekannten Tier- und Pflanzenarten kommen hier vor, obwohl die Fläche des amazonischen Regenwaldes gerade ein Fünfzehntel der Erdoberfläche ausmacht.

Der Umstand, dass in jedem Jahr 200 000 Quadratkilometer Wald von der Erde verschwinden, müsste die Verantwortlichen zum Nachdenken bringen: Sollte das letzte Paradies durch den habgierigen homo sapiens eines Tages zur kahlen Einöde werden?

GOLDRAUSCH UND NATURSCHAUSPIEL

Mit der Gründung der Minas Gerais wurde der Goldrausch Brasiliens eingeläutet. Um 1700 durchstreiften Abenteurer die Randgebiete des Urwalds am Rio Verde und suchten nach Gold. Ihre Anführer waren Amador Bueno da Silva und sein Sohn Bertolomeu. Die beiden versuchten mit Taschenspielertricks den Indianern zu imponieren. So machten sie die Eingeborenen glauben, Wasser anzünden zu können. Herkömmlicher Alkohol steckte hinter dem simplen Trick, doch man hielt die Ankömmlinge für Zauberer. Bueno da Silva drohte, alle Flüsse in Brand zu stecken, wenn man ihm nicht die Goldlagerstätten verrate, doch so groß war der Zauberglaube der Indianer dann doch nicht – sie schwiegen. Sohn da Silva, den der Traum vom Inka-Gold nicht ruhen ließ, ging 1725 noch einmal auf die Suche und fand tatsächlich beim Rio Peixe und am Ufer des Rio das Almas im Schwemmsand die begehrten Goldkörner. Das löste einen regelrechten »Klondike-Effekt« aus: Die Nachricht von Funden lockte Tausende Geldhungrige an. Nur verebbte dieser Run auf die

Obwohl 1600 Kilometer von der Mündung in den Atlantik entfernt, kann der Flusshafen von Manaus im Herzen des Amazonas-Gebietes auch von großen Überseeschiffen problemlos erreicht werden. Zusammen mit dem in den 1960er-Jahren errichteten Freihafen sorgte dies dafür, dass Manaus heute zu einer pulsierenden Industriestadt inmitten des tropischen Urwalds herangewachsen ist.

Nuggets hier schneller als in Kanada. Im Staat Goiás wurden große Diamantfunde gemacht. Einer der berühmtesten Steine ist wohl der später als »Dresdner Diamant« bekannte Fund mit einem Gewicht von 117,5 Karat.

Der Bundesbezirk Minas Gerais ist der größte Staat der Südostregion und fünftgrößter Brasiliens. Schon in seinem Namen, der soviel wie »großes Minengebiet« bedeutet, wird die Quelle des Reichtums erkennbar, der Minas Gerais zur Wiege der brasilianischen Barockbaukunst werden ließ. Eisenerze, Gold, Silber, Edelsteine, Mangan, Bauxit, Zink, Phosphat, Quarz und Nickel erhalten bis heute den Wohlstand dieser Gegend.

Ein ganz besonderes Erlebnis beschert dem Naturfreund das Schauspiel am Dreiländereck von Brasilien, Paraguay und Argentinien. Hier treffen die beiden Flüsse Paraná und Iguaçu aufeinander und bilden so den imposantesten Wasserfall, den man sich vorstellen kann: die Iguaçu-Falls. Über mehr als zwei Kilometer erstreckt er sich, bis zu 300 Kaskaden stürzen zum Teil über 70 Meter in die Tiefe, 1750 Kubikmeter Wasser in der Sekunde. Das Getöse, das dabei entsteht, ist kilometerweit zu hören. Riesige Sprühwolken, oft von einem breiten Regenbogen überspannt, steigen in den Himmel – ein unvergleichliches Spektakel der Schöpfung. Lady Roosevelt soll beim Anblick der Iguaçu-Falls die Hände vor das Gesicht geschlagen und ausgerufen haben: »Oh, armer Niagara!«

Brasília, die Stadt vom Reißbrett, hat für Unruhe gesorgt. Ende des 18. Jahrhunderts kam erstmals die Idee auf, weiter im Landesinneren eine neue Hauptstadt zu schaffen. Im heutigen Regierungsbezirk Goiás wurde 1922, als man die 100-jährige Unabhängigkeit von Portugal feierte, der Grundstein gelegt. Konservative Kunstkritiker konnten sich lange nicht über so viel Mut und Kühnheit beruhigen. Für die Jünger der Moderne hingegen ist sie bis heute das Mekka geblieben.

DIE ATLANTIKKÜSTE

São Paulo ist nicht nur Brasiliens größte Stadt, sondern ebenso seine Industriemetropole. »Südamerikas größter Industriepark« hat ein wohlwollender Ironiker gesagt. Noch 1920 war es halb so groß wie Rio de Janeiro,

Rechts oben:
Die Gebiete des Amazonas und des Pantanal werden von Millionen Kaimanen bevölkert. Sie sind in der Regel für den Menschen ungefährlich, spielen aber eine entscheidende Rolle bei der Aufrechterhaltung des natürlichen Gleichgewichts.

Rechts unten:
Das Wasserschwein (brasilianisch: »Capivara«) ist mit einem Gewicht von bis zu 70 Kilogramm das größte Nagetier der Welt. Capivaras werden nur selten gesichtet, da sie sehr scheu und meist nur nachts aktiv sind.

1960 hatte es mit vier Millionen Einwohnern Rio überflügelt. Nur zehn Jahre später zählte es sechs Millionen, heute konzentrieren sich in einem scheinbar uferlosen Meer von Wolkenkratzern mittlerweile 19 Millionen Menschen. Mehr als zehn Prozent der brasilianischen Bevölkerung leben somit im Großraum der Metropole, die am Tag des heiligen Paulus im Jahr 1554 als einfaches Jesuitenkolleg gegründet wurde.

Rio de Janeiro (»Stadt am Januar-Fluss« – hier fuhr im Januar 1502 die erste Expedition unter André Concalves ein) ist so dicht bevölkert wie kaum eine Stadt sonst. Der riesenhafte segnende Christus auf dem 700 Meter hohen Corcovado und der Zuckerhut mit seiner unverwechselbaren Form sind Wahrzeichen der Stadt. Früher als die schönste Stadt der Erde gepriesen, hat Rio zunehmend durch ungezügelt um sich greifenden Bau von Hochhäusern, durch die ausgedehnten Slums und Baracken (Favelas) und den explosionsartig wachsenden Straßenverkehr viel von ihrem ehemaligen Reiz verloren. Trotzdem ist sie, schon allein wegen ihrer Lage an der malerischen Bucht, eine der sehenswertesten Städte des amerikanischen Kontinents. Das Klima ist ungewöhnlich angenehm, weil Landwind ständig mit Seewind wechselt. Die Einwohner Rios, »Cariocas« genannt, sind berühmt wegen ihrer überschäumenden Geselligkeit: Der Karneval von Rio, die Sambaschulen, die Volksfeste legen ein beredtes Zeugnis dafür ab. Copacabana, noch vor wenigen Jahrzehnten ein Fischerdorf, hat sich zu einem der luxuriösesten, teuersten, aber auch hinreißendsten Strände gemausert. Der Stadt Rio ist eine ganz vielfältige Inselwelt vorgelagert, mit idyllischen Barken ebenso erreichbar wie mit modernen, schnellen Verkehrsmitteln.

In eine Prunkstätte der Kolonialherren hatte sich Salvador da Bahia schon bald nach seiner Ernennung zur ersten Hauptstadt Brasiliens verwandelt. Hier verquicken sich fast nahtlos die Impressionen gegenwärtigen urbanen Lebens mit den Reminiszenzen an die koloniale Epoche. Auf einem Hochplateau befindet sich die Altstadt, auch Ober-

Links oben:
Die Vogelspinne sieht gefährlicher aus, als sie für den Menschen wirklich ist. Unangenehmer als ihr Biss sind die Gifthaare der Vogelspinne, die zu heftigen Reizungen der Schleimhäute führen können.

Links unten:
Mit ihren scharfen Zähnen gehören die Piranhas – obwohl sie nur 45 Zentimeter lang werden – zu den gefährlichsten Flussbewohnern Amazoniens. Wenn Blut ihre Fresslust anstachelt, können sie in großen Schwärmen binnen Sekunden selbst große Tiere verschlingen.

stadt (Cidade Alta) genannt, die mit ihren zahlreichen Kirchen und Klöstern über der vom Hafenleben geprägten Unterstadt (Cidade Baixa) thront. Seit je her war Salvador Hauptumschlagplatz des Sklavenhandels. Das schwarze Erbe ist bis heute auf Schritt und Tritt fühl- und sichtbar. Farbigkeit wird nicht nur im Straßenbild, sondern ebenso in den Religionen deutlich: Man lebt hier in einer Gemeinschaft, die die Elemente christlichen Glaubens mit dem Charakter afrikanischer Gottheiten und dem Wesen der Indio-Religion verbindet. Doch aus der christlichen Kultur stammt noch der ganze unverkürzte, barocke Name: »Cidade do São Salvador da Bahia de Todos os Santos«.

Recife mit seinen mannigfachen Erinnerungen an holländische Kolonialherren ist die Hauptstadt des Staates Pernambuco und hat sich infolge des erfolgreichen Zuckerrohranbaus zu einer Millionenstadt entwickelt. Seinen Namen hat es vom Hafen, der hinter einem Riff (recife) angelegt wurde und zu den wichtigsten Umschlagplätzen für Rohrzucker gehört. Wegen seiner vielen Wasserwege, Kanäle und Brücken, was sich auf die Flüsse Capibaribe und Beberibe zurückführen lässt, wird Recife manchmal das brasilianische Venedig genannt.

Die Küste Brasiliens hat insgesamt eine Länge von 7408 Kilometern. Ganz im Süden liegt Porto Alegre, das südlichste Verkehrszentrum des Landes. Reist man von hier ins Landesinnere, so kommt man zu den »Pampas«, riesige Graslandflächen, auf denen die legendären Gaúchos ihre Viehherden dem Horizont entgegentreiben.

KULTUR UND FESTE

Das Gold-Weiß-Gelb der unzähligen Barockkirchen gehört zu Brasilien wie der Sand zum Strand. Viele von diesen prächtigen Gotteshäusern sind innen im Rokokostil dekoriert. Doch Kunst und Kultur erschöpfen sich bei weitem nicht in der Architektur. Auf der alten indianischen Kunsttradition gründet das dortige Kunsthandwerk. Schnitzereien, Keramik, Federkronen und Tanzmasken von erstaunlicher Schönheit sind in den Museen der großen Städte zu sehen. Da die brasilianischen Indianer von Anbeginn Waldbewohner waren, haben sie keine Bauten geschaffen, die denen der Inka, Maya oder Azteken vergleichbar wären. Man vermutete zwar in der Region des Mato Grosso eine »Stadt von großer Pracht und beträchtlichem Reichtum«, Forscher glaubten sogar, das legendäre Atlantis in ihr zu sehen – doch gefunden hat man nichts dergleichen.

Die Bildhauerei hatte ihre Höhepunkte im 17. Jahrhundert, also im Barockzeitalter. Sie ist ein verlässliches Spiegelbild portugiesischen Kunstausdrucks. Sakrale Skulpturen, Altarkunst, Bauplastik sind heute in ihren schönsten Stücken an und in den Kirchen sowie in zahlreichen Museen zu sehen.

Wer qualitätvolle Malerei sucht, der findet die Glanzstücke in den Tafelbildern der Kolonialzeit. Kachelmalereien in Klöstern und Kirchen sind weit verbreitet; sie heißen »azulejos«. Ganz besondere Erwähnung verdienen die Deckenmalereien in den Kirchen von Minas Gerais, Diamantina, Sabará, Itu und São Paulo. Bedeutende klassizistische Kunst findet man in Rio de Janeiro – dort war Anfang des 19. Jahrhunderts unter französischem Einfluss eine Kunstschule entstanden. Klassizistische Architektur prägt zum Teil das Stadtbild. Wie im Mutterland, so wurde auch in ganz Brasilien die Kunstszene des späteren 19. Jahrhunderts beherrscht durch die Neo-Stile des Historismus.

In der Baukunst späterer Jahre kann man mit Fug und Recht von einer »Epoche Niemeyer« sprechen. 1940 wurde der Architekt nach Belo Horizonte berufen, um Bauten am Stausee von Pampulha zu realisieren. Nach seinen Entwürfen entstanden Bauwerke in São Francisco und São Paulo. Sein größtes Werk war die Konzeption der neuen Hauptstadt Brasília.

Volkskunst ist dort am lebendigsten, wo sie mit dem Alltag verschmilzt. Bei den traditionellen Tanz- und Musikfesten sind Körperbemalungen zu sehen, Kronen aus bunten Papageienfedern, Holzschnitzereien an Lanzen und Tanzmasken, Korbflechtwerk und Kostümkunst. Manche der Feste sind christlichen Ursprungs, so beispielsweise das berühmte »Cirio-de-Nazaré-Fest« in Belém, eine Prozession zu Ehren der Schutzpatronin der Stadt. Zudem wechseln sich Johannisfeiern, Weihnachts-Krippenspiele (Folias dos Reis) und andere Prozessionen zur Heiligenverehrung ab. So wie jede größere Stadt hat Salvador da Bahia einen dicht gedrängten Festkalender. Durch das

afrikanische Erbe spielen hier allerdings afro-indianische Mythen eine große Rolle.

Eine Besonderheit sind die Kampftänze der »Bantu« mit Namen »Capoeira«. Sie werden ausgetragen, ohne dass sich die Gegner berühren. Man kann sie ausschließlich in Brasilien erleben, und dort vor allem in ihrem Zentrum Salvador da Bahia. Noch weit vor Rio ist Salvador die Hochburg des »Umbanda«, der Religion, die mit den Sklaven kam und von der man weiß, dass sie in Brasilien trotz der Übermacht des Katholizismus viele Anhänger hat.

Karneval und Samba sind untrennbar mit Rio de Janeiro verbunden. 1916 wurde hier dieser typisch brasilianische Tanz geboren. Sambaschulen schossen wie Pilze aus der Erde, der Tanzrhythmus verbreitete sich wie ein Lauffeuer, zuerst durch Südamerika, bald schon über den ganzen Erdball. Die Regierung Vargas erklärte ihn 1934 zum offiziellen Tanz des Karnevals. Das Fest der Superlative, der Karneval von Rio, dauert vier Tage, genauer gesagt, vier Nächte. Heiße Rhythmen, heiße Nächte, überschäumende Heiterkeit, lustvolle Körpersprache, bunte Masken, schöne Frauen, glanzvolle Shows, knisternde Erotik, Ekstase, und immer wieder Musik – die nicht enden wollenden Umzüge voller Spannung und Geselligkeit, Jubel und Trubel lassen die Zuschauer am Straßenrand das Zeitgefühl verlieren.

Wo das Gefühl sich öffnet, die Seele, der Schönheitssinn, da gibt es keine Vorbehalte. Man steht auf dem Corcovado, sieht die Sonne blutrot im Meer versinken, hat vor sich die großartige Bucht von Botafogo, um sich das erwachende Lichtermeer dieser Zauberstadt Rio de Janeiro, und man fühlt die linden Lüfte, die vom Ozean herüberwehen; man erinnert sich angesichts solch harmonischer Pracht an das Wort Stefan Zweigs: »Wer Brasilien wirklich zu erleben weiß, der hat Schönheit genug für ein halbes Leben ...«

Links:
Im Jahr 1750 ursprünglich als Aquädukt für die Wasserversorgung Rio de Janeiros erbaut, dienen die »Arcos da Lapa« seit 1896 als Viadukt für die alte Straßenbahnlinie, die das Zentrum mit dem malerischen Künstlerviertel Santa Teresa verbindet.

Seite 24/25:
Die Abenddämmerung am Rio Negro, einem der großen Zuflüsse des Amazonas im Norden Brasiliens, setzt ein letztes Zeichen tropischer Farbenpracht, bevor die Dunkelheit über dieses schier grenzenlose Gebiet aus Urwald und Wasser hereinbricht.

DER NORDOSTEN –

Salvador, Hauptstadt des Bundesstaats Bahia im Nordosten Brasiliens, gehört zu den ältesten portugiesischen Ansiedlungen. Bis zum Jahr 1763 war Salvador auch Hauptstadt, bevor der Sitz der Kolonialregierung nach Rio de Janeiro verlegt wurde. Der historische Stadtkern in der Cidade Alta (Oberstadt) thront über der Baía de Todos Os Santos (Allerheiligenbucht).

Der Nordosten Brasiliens ist historisch gesehen die Keimzelle Brasiliens. Im Süden des heutigen Bundesstaats Bahia, in der Nähe von Porto Seguro, stießen die portugiesischen Karavellen unter Pedro Álvares Cabral zum ersten Mal auf brasilianischen Boden. Noch lange vor Rio de Janeiro waren Salvador da Bahia und die weiter nördlich gelegenen Schwesternstädte Olinda und Recife die wirtschaftlichen und politischen Zentren der portugiesischen Kolonie Brasilien. Im Nordosten konzentrierten sich die großen Zuckerrohrplantagen und dort kam es auch zum ersten Mal zu jener tiefgreifenden Vermischung zwischen afrikanischen Sklaven, europäischen Eroberern, Kolonisatoren und Immigranten sowie indianischen Ureinwohnern, die Brasilien bis heute prägt.

Bestimmt durch seine Tausende Kilometer lange tropische Atlantikküste mit üppigem, heute jedoch nur mehr in Restbeständen vorhandenem Urwald, weist diese Region eine Vielzahl unterschiedlicher Facetten auf. An das von Mangrovenwäldern, Sandstränden und vorgelagerten Korrallenriffen bestimmte Küstentiefland schließt sich mit dem »Agreste« eine semiaride Übergangszone hin zum äußerst trockenen »Sertão« im Landesinneren an.

Wichtigstes Zentrum mit rund 2,4 Millionen Einwohnern ist Salvador da Bahia, bis 1762 Hauptstadt der Kolonie und stark von der afro-brasilianischen Geschichte geprägt. Das ist nicht nur an der zu 80 Prozent schwarzen Bevölkerung ersichtlich, sondern ebenso an den lebendigen kulturellen Manifestationen afrikanischen Ursprungs wie den legendären Perkussions-Gruppen, den weiß gekleideten »Baianas« mit ihren afro-brasilianischen Köstlichkeiten oder der Candomblé-Religion, die in Bahia eine besondere Intensität aufweisen.

DIE KEIMZELLE BRASILIENS

Oben:
Als Hauptstadt des Amazonas-Bundesstaats Pará ist Belém das wirtschaftliche Zentrum der östlichen Amazonas-Region. Zahlreiche historische Belle-Époque-Bauten erinnern noch heute an die Blütezeit des Kautschuk-Booms.

Rechts:
Der historische Markt am Hafen von Belém mit seinen Gusseisenkonstruktionen trägt den vielsagenden Namen »Ver-o-Peso« (aufs Gewicht schauen). Das hat weniger mit den betrügerischen Praktiken seiner Kaufleute zu tun, als vielmehr mit der früheren Funktion des Markts als Sitz der portugiesischen Behörden, die dort die zu entrichtenden Steuern berechneten.

Links:
Durch seine Lage am Rio do Guajará, einem der zahlreichen Flussarme des Mündungsdeltas, ist der Hafen von Belém ein bedeutender Umschlagplatz für die Produkte der unteren Amazonas-Region.

Kleine Bilder unten:
Im »Ver-o-Peso«-Markt von Belém werden die Produkte der Region und des gesamten amazonischen Ostens gehandelt: Tropische Früchte aller Art, See- und Flussfische, Gemüse, Kräuter und Gewürze finden sich ebenso im reichhaltigen Angebot wie Kunsthandwerk und Utensilien für religiöse Rituale und spirituellen Schutz.

Unten:
In deutlichem Kontrast zu den bunten Häuserfronten der Altstadt finden sich in São Luís auch prachtvolle Repräsentationsbauten aus dem 19. Jahrhundert mit hohen Säulen als Referenz an die Tempel der Antike.

Rechts oben:
Das bunte Treiben in der Altstadt von São Luís findet auch in der Nacht kein Ende. Dann öffnen die zahlreichen Bars des historischen Zentrums ihre Pforten und unterhalten ihre Gäste mit der hier wie nirgendwo sonst in Brasilien beliebten Reggae-Musik.

Rechts Mitte:
Was den vorherrschenden Architekturstil seiner historischen Bausubstanz betrifft, ist São Luís die wohl portugiesischste Stadt Brasiliens. Die

charakteristischen, ursprünglich aus Portugal stammenden »azulejos« (blau bemalte Fließen) sind hier besonders häufig.

Rechts unten:
Die fliegenden Händler prägen das Straßenbild von São Luís. Die in Brasilien »camelôs« genannten Straßenhändler versorgen Passanten nicht nur mit frischem Obst, sondern auch mit Getränken, Snacks und vielen anderen nützlichen Dingen des Alltags.

Wo heute der »Palácio dos Leões« (Löwenpalast) steht, der 1776 als Sitz des Gouverneurs von Maranhão errichtet wurde, hatten die Franzosen bereits im Jahr 1612 eine erste Festung in São Luís gegründet.

Die Altstadt von São Luís zählt mit ihren mehr als 3500 unter Denkmalschutz stehenden historischen Bauten zu den am besten erhaltenen Kolonialstädten ganz Lateinamerikas.

Kein hässlicher Neubau stört die Harmonie der aus dem 18. und 19. Jahrhundert stammenden Gebäude von São Luís, die seit kurzem systematisch renoviert werden. Der Name der Stadt stammt aus der Zeit der kurzen französischen Herrschaft von dem damaligen König Frankreichs, Louis XIII. Schon 1615 war São Luís wieder in portugiesischer Hand.

IPANEMA
CASA DO NENEN
DETRAN PE

Die Praça da República liegt an der Spitze einer der beiden Inseln, die das historische Stadtzentrum von Recife bilden. Mitte des 19. Jahrhunderts entstanden dort mit dem Palácio do Campo das Princesas, heute Sitz des Gouverneurs, dem Teatro Santa Isabel und dem Justizpalast drei imposante Bauten, die sich deutlich vom kolonial geprägten Stil der restlichen Altstadt abheben.

An die einstige iberische Kolonialmacht gemahnende Bauten findet man in Brasilien auf Schritt und Tritt. Vor allem im Nordosten, wie hier in São Luís, blieb die historische Bausubstanz noch in großem Umfang erhalten.

Linke Seite:
Als Hauptstadt von Pernambuco war Recife neben Salvador eines der Zentren der portugiesischen Kolonisierung im brasilianischen Nordosten. Zeugen dieser Zeit sind die Kirche und das Kloster Nossa Senhora do Carmo, die zwischen 1687 und 1767 erbaut wurden. Diese Perlen kolonialer Barockarchitektur befinden sich im historischen Stadtteil Santo Antônio.

CANDOMBLÉ UND VOLKSKATHOLIZISMUS

Die portugiesische Herrschaft über Brasilien – hier eine Darstellung der Landnahme durch Pedro Álvares Cabral – stand von Beginn an im Zeichen des Kreuzes. Zwangsbekehrungen zum Christentum waren die dunkle Seite dieses religiösen Eifers.

Auch wenn sich fast 90 Prozent der brasilianischen Bevölkerung der römisch-katholischen Konfession zugehörig fühlen und der Katholizismus bis zur Ausrufung der Republik im Jahr 1889 alleinige Staatsreligion war, sind selbst nach offiziellen Zahlen zumindest 20 Millionen brasilianische Katholiken zugleich Anhänger afro-brasilianischer Glaubensvorstellungen wie Umbanda und Candomblé. Vor allem Schwarze und Mulatten aus den unteren sozialen Schichten praktizieren diese religiösen Kulte, die auf einer synkretistischen Verschmelzung afrikanischer Religionen mit dem Katholizismus beruhen. Aber auch in der mehrheitlich weißen Mittelschicht fanden sie im Laufe des 20. Jahrhunderts zahlreiche Anhänger.

In seinem Bemühen, die indianischen Ureinwohner und insbesondere die afrikanischen Sklaven sowie ihre Nachkommen für sich zu gewinnen, entwickelte der Katholizismus in Brasilien eine beachtliche Anpassungsfähigkeit und Durchlässigkeit für andere religiöse

Traditionen. Das führte unter anderem dazu, dass sich die brasilianischen Katholiken Freiheiten herausnehmen, die im stark reglementierten europäischen Katholizismus undenkbar wären. So kommt in Brasilien der Heiligenverehrung eine überragende Rolle zu, und die Anrufung von Schutzheiligen zur Bewältigung des Alltags hat im brasilianischen Volkskatholizismus eine besonders große Bedeutung. Gerade diese intensive Form der Heiligenverehrung erlaubte es, dass sich während der Kolonialzeit katholische mit indianischen und afrikanischen Glaubensvorstellungen und Glaubenspraktiken vermischten.

GEISTER DES WALDES UND DER FLÜSSE

In Amazonien, wo die indianischen Traditionen am einflussreichsten sind, wurden die katholischen Heiligen mit den Geistern des Waldes und der Flüsse gleichgesetzt, während für die afrikanischen Sklaven in den Plantagenregionen des Nordostens viele der Heiligen gleichbedeutend mit den Gottheiten aus ihrer Heimat waren. Zu einem Zentrum dieser afrikanischen Glaubenstraditionen in Brasilien wurde Bahia mit seiner überwiegend schwarzen Bevölkerung, wo zu Beginn des 19. Jahrhunderts die heute weit verbreiteten afro-brasilianischen Kulte und Religionen weit gehend ihre heutige Ausformung fanden. Gegen Ende des 19. Jahrhunderts verbreitete sich die afro-brasilianische Religion dann über ganz Brasilien. Während sie in Bahia und im Großteil des Landes »Candomblé« genannt wurde, heißt sie in Recife »Xangô« und in Maranhão »Mina«. Dieser Kult integrierte sich in den katholischen Festkalender, wodurch die katholischen Riten für die afro-brasilianische Bevölkerung bis heute eine doppelte Bedeutung haben. Die Feste der über hundert »Orixá«-Gottheiten finden in der Regel an jenen Tagen statt, an denen die entsprechenden katholischen Heiligen verehrt werden.

VERMITTLER ZWISCHEN DIESSEITS UND JENSEITS

Den einzelnen Orixás werden dabei gute und schlechte Seiten, Fehler, Schwächen und Vorlieben zugeschrieben und bei ihrer Vermittlerrolle zwischen Diesseits und Jenseits können sie sowohl Gutes als auch Schlechtes bewirken. Ein wichtiges Element des Candomblé ist die Trance. Durch stundenlanges Tanzen zum Rhythmus der Trommeln fallen

Rechts:
Die theatralische Ausdruckskraft der in Seifenstein gehauenen Zwölf Propheten, die zwischen 1769 und 1805 in Congonhas entstanden, machte die tragisch-geniale Künstlerfigur »Aleijadinho« (Krüppelchen) schon zu Lebzeiten zu einer Berühmtheit. Seinen makabren Beinamen verdankte er einer mysteriösen Krankheit, die seine Hände verstümmelt hatte.

Links:
Der Katholizismus war fast vier Jahrhunderte lang Brasiliens Staatsreligion. Dies hinterließ nicht nur in der ausgeprägten Volksreligiosität Spuren, sondern auch in der sakralen Architektur, die von kostbar geschmückten Barockkirchen wie der Basílica do Bom Jesús in Congonhas geprägt ist.

Rechts:
Die heilige Iphigenia, hier die Abbildung eines Werks von Aleijadinho, gehört zu den schwarzen Heiligen, die von den afrikanischen Sklaven in Brasilien verehrt wurden. Ihr zu Ehren wurden zahlreiche Kirchen erbaut.

Seite 36 unten:
Auf einem Stich aus dem 17. Jahrhundert ist eine rituelle Zeremonie des Stammes der Tupinambá dargestellt. Mit der Zwangschristianisierung und der Sesshaftmachung in von Jesuiten geleiteten Dörfern wurde den Indianern die Ausübung ihrer eigenen kulturellen und religiösen Traditionen verboten.

manche Gläubige bei den Candomblé-Zeremonien in einen tiefen Trance-Zustand und inkorporieren dabei einen bestimmten Orixá. Um Teil eines »Terreiros«, einer Kultgemeinschaft zu werden, bedarf es einer langen Initiationsphase, die sich über Monate hinziehen kann und während der die künftigen Medien auf ihre Rolle als »Filha de Santo« (Heiligen-Tochter) und »Filho de Santo« (Heiligen-Sohn) vorbereitet werden. Die Initiation der Filhos und Filhas de Santo wird als Wiedergeburt verstanden, nach deren Abschluss sie ihr Leben lang unter dem Schutz eines bestimmten Orixás stehen. Ganz der Bewahrung der Tradition verschrieben sind die »Mães de Santo« (Heiligen-Mütter) und »Pais de Santo« (Heiligen-Väter) – wobei die Frauen anders als in Afrika die große Mehrheit der Oberpriester im Candomblé stellen. Sie stehen an der Spitze der Hierarchie im »Terreiro« und sorgen für die mündliche Überlieferung der afro-brasilianischen Kultur und Geschichte, die sich bis zurück nach Afrika verfolgen lässt.

Oben:
Das architektonische Ensemble rund um den Largo do Pelourinho in Salvador wurde als eines der schönsten Beispiele des brasilianischen Kolonialstils zum Weltkulturerbe erklärt. Die Bezeichnung Pelourinho (Schandpfahl) bezieht sich auf die frühere Funktion des Platzes als Ort der Bestrafung von Sklaven.

Rechts:
Auf den Straßen Salvadors sorgen die schwarzen »Baianas« in ihrer typischen Kleidung für das leibliche Wohl der Passanten. Hier regiert die afrikanisch geprägte Küche Bahias mit ihrer Vorliebe für scharfe Gewürze, Kokosmilch und das unvermeidliche Dendê-Palmöl.

Links:
Die alten Wohnhäuser rund um das Pelourinho-Viertel Salvadors vermitteln noch das Flair vergangener Tage, auch wenn viele der traditionellen Bewohner zunehmend Geschäften und Restaurants weichen müssen.

Unten:
Der Terreiro de Jesús ist der Dreh- und Angelpunkt der Cidade Alta von Salvador. Von hier aus führen die Gassen hinunter zum Pelourinho. In der Umgebung des Platzes befinden sich die bedeutendsten Baukunstwerke Salvadors, allen voran die unmittelbar an den Terreiro de Jesús grenzende Kirche des Klosters São Francisco.

Links oben:
Im beschaulichen Innenhof des Klosters São Francisco in Salvador spenden die Arkaden wohltuenden Schatten und Ruhe vor dem prallen Leben, das sich draußen vor den Klostermauern durch buntes Treiben bemerkbar macht.

Links Mitte:
Mit Figuren und Ornamenten über und über geschmückt ist die Kanzel der 1708 bis 1750 erbau-

en Kirche São Francisco. Goldfunde im Landes-inneren machten die wertvolle Ausstattung möglich.

Links unten:
Wertvolle portugiesische »azulejos« (blau bemalte Kacheln) aus dem 17. Jahrhundert verzieren die Fassaden im Kreuzgang des Konvents von São Francisco. Sie sind als Erbe der Kolonialzeit in weiten Teilen des brasilianischen Nordens und Nordostens zu finden.

Unten:
Das Innere der Kirche São Francisco ist mit kunstvollen Schnitzereien aus wertvollem Jacarandá-Holz verziert. Bedeckt ist der Schmuck mit brasilianischem Gold, das den Innenraum in ein eigentümliches Licht taucht.

Dutzende Kirchen bestimmen das Bild von Salvador. Die stark afrikanisch geprägte Religiosität seiner Bewohner ist sprichwörtlich und brachte der Stadt den Beinamen »Schwarzes Rom« ein.

Salvador ist mit zahlreichen Stränden gesegnet. Der Blick von der hoch gelegenen Altstadt zum Strandviertel Barra weckt nicht nur beim Besucher die Sehnsucht nach einem erfrischenden Bad im Meer.

Der »Elevador Lacerda« verbindet die auf einem Hügel gelegene Altstadt (Cidade Alta) und die Unterstadt am Hafen (Cidade Baixa), das kommerzielle Zentrum der Stadt. Die beiden Aufzugskabinen des Elevador Lacerda überwinden die 85 Meter Höhenunterschied in nur fünfzehn Sekunden.

Der Hafen von Salvador in der Cidade Baixa dient heute nur mehr den Fischern und kleinen Ausflugsschiffen als Anlegestelle. Der Frachthafen wurde ebenso wie der Terminal für den Passagierverkehr in die Allerheiligenbucht weiter stadtauswärts verlegt.

Unten:
Die Praia do Farol, der am zentralsten gelegene Strand Salvadors, füllt sich an Wochenenden und Feiertagen mit buntem Volk aus allen sozialen Schichten. Hier fühlen sich die Soteropolitanos (so nennen sich die Bewohner Salvadors) am wohlsten.

Kleine Bilder rechts:
Bier, gegrillter Fisch und gerösteter Käse gehören für brasilianische Strandbesucher ebenso zu einem gelungenen Tag wie Samba-Musik und ein erfrischendes Bad im Meer. Die Strände Salvadors bieten all das im Überfluss.

DER SÜDOSTEN –

Einem von Künstlerhand geschaffenen Gemälde gleicht Rio de Janeiro mit dem Zuckerhut und der Guanabara-Bucht. Angesichts eines solchen Anblicks verwundert es nicht, dass die Cariocas (so werden die Einwohner von Rio genannt) ihrer Stadt den Beinamen »Cidade Maravilhosa!« – »Wunderbare Stadt« – verliehen haben.

Während der Südosten Brasiliens, der die Bundesstaaten São Paulo, Rio de Janeiro, Minas Gerais und Espírito Santo umfasst, in den ersten zwei Jahrhunderten der portugiesischen Kolonialherrschaft ein Schattendasein führte, begann er mit der Entdeckung von Gold und Diamanten in den Bergregionen von Minas Gerais im 18. Jahrhundert rasch an Bedeutung zu gewinnen. Als die Hauptstadt des kolonialen Brasilien im Jahr 1762 von Salvador da Bahia nach Rio de Janeiro verlegt wurde, markierte das die erste Etappe des rasanten Bevölkerungs- und Wirtschaftswachstums, der die brasilianische Südostregion zum dynamischsten Teil Brasiliens machte. Die hochindustrialisierten Gebiete um die Städte São Paulo, Rio de Janeiro und Belo Horizonte stellen das wirtschaftliche Zentrum ganz Brasiliens dar. Die Region ist überdies reich an weiteren Bodenschätzen und ihre Landwirtschaft ist die modernste innerhalb Brasiliens.

Mittlerweile lebt die Mehrheit der brasilianischen Bevölkerung im Südosten. Hierher strömten Menschenmassen aus vielerlei Herren Länder: Ende des 19. und Anfang des 20. Jahrhunderts kamen über zwei Millionen europäische Immigranten alleine nach São Paulo, gefolgt von einer Viertelmillion Japanern seit 1908. Die letzte große Einwanderungswelle in den Südosten hält bis heute an: Die Binnen-Migranten aus dem Süden und Westen, vor allem aber aus dem Nordosten und Norden Brasiliens trieben die Entwicklung São Paulos zu einem der größten städtischen Ballungsräume dieser Welt rasant voran. Durch sie wurden São Paulo, Rio de Janeiro und Belo Horizonte – die großen Metropolen des Südostens, die zugleich die drei größten Städte Brasiliens sind – zu einem Spiegel des ganzen Landes und teilweise der ganzen Welt.

DAS MODERNE GESICHT BRASILIENS

Unten:
Rio de Janeiro hat nicht nur eine malerische, sondern auch eine überaus moderne Seite. Mit der pyramidenförmigen Kathedrale von Oscar Niemeyer oder dem markanten Bürogebäude der staatlichen Erdölgesellschaft Petrobrás hat der brasilianische Modernismus hier markante Zeichen gesetzt.

Kleine Bilder rechts:
Die moderne Architektur im Zentrum von Rio stellt die bisher letzte Phase in der urbanen Entwicklung dar. Bereits im 19. Jahrhundert transformierte sich das ehemals beengte Kolonialstädtchen in eine Metropole nach französischem Vorbild.

Links oben:
Die 38 Meter hohe Christus-Statue steht seit 1931 auf dem Gipfel des Corcovado (des »Buckligen«), von dem aus alljährlich Millionen von Besuchern das Panorama von Rio de Janeiro bestaunen. Neben dem Zuckerhut und dem Strand von Copacabana gehört der »Cristo Redentor« zu den meistbesuchten Wahrzeichen Rios.

Links Mitte:
Der Corcovado war wegen seiner Höhe bereits im 19. Jahrhundert als Aussichtsberg sehr beliebt. Deshalb wurde schon früh eine

Aussichtsplattform auf seinem Gipfel errichtet, die seit mehr als 120 Jahren mit einer knapp 4 Kilometer langen Bergbahn erreicht werden kann.

Links unten:
Mit einer Höhe von nur 396 Metern ist der Pão de Açúcar dennoch der berühmteste Berg Brasiliens. Seit circa 90 Jahren ist er mit einer Seilbahn bequem zu erreichen. Von der Talstation an der Praia Vermelha geht es zuerst bis zum vorgelagerten Morro da Urca und in einer zweiten Etappe auf den Gipfel des Zuckerhuts.

Unten:
Bei Nacht büßt Rio nichts von seiner atemberaubenden Schönheit ein, wie ein Blick vom Corcovado beweist. Das laute Treiben der Stadt präsentiert sich von diesem Punkt aus als entrücktes Spektakel.

Die traditionellen Viertel Rio de Janeiros wie Lapa oder Santa Teresa bezaubern auch heute noch mit ihrem besonderen Flair aus vergangenen Tagen. Die einfachen zweistöckigen Häuser und schlichten Kirchen im Kolonialstil bilden ein romantisches Ensemble inmitten der modernen Geschäftigkeit der Millionenmetropole.

Im Zentrum von Rio de Janeiro treffen das Alte und das Neue unmittelbar aufeinander. Aus dem gemütlichen, beengten Rio der Kolonialzeit wurde schon im 19. Jahrhundert eine Metropole nach europäischem Vorbild, mit breiten Boulevards anstelle der engen und gewundenen Gassen. Im 20. Jahrhundert setzte sich die Auflösung der kolonialen Stadtstrukturen unvermindert fort, was insbesondere an der Zunahme des motorisierten Verkehrs lag.

Ganz links:
Von den früher zahlreichen Straßenbahnlinien Rio de Janeiros ist nur eine übrig geblieben. Sie führt vom Stadtzentrum über das Viadukt Arcos da Lapa in das Künstlerviertel Santa Teresa.

Links:
Die aus den wirtschaftlich schwachen Regionen des Nordostens nach Rio ausgewanderten Menschen brachten ihre kulturellen Traditionen mit. Die afro-brasilianischen Straßenköchinnen sind auch in Rio de Janeiro trotz aller Modernität noch nicht aus dem Stadtbild verschwunden.

Rio de Janeiro liegt an der Mündung der Guanabara-Bucht. Die Einfahrt in die Bucht ist so schmal, dass die erste portugiesische Expedition glaubte, es handle sich um die Mündung eines Flusses. So nannten sie den Ort dem Datum gemäß »Januarfluss« (portugiesisch: „Rio de Janeiro"). Heute befindet sich hier der zweitgrößte städtische Ballungsraum Brasiliens mit über zehn Millionen Menschen.

Oben:
Im Viertel Urca am Fuß des Zuckerhuts versuchen Fischer ihr Anglerglück im Wasser der Guanabara-Bucht. Hier folgt die andernorts schnelllebige Stadt noch einem anderen Rhythmus.

Links:
Der neugotische Palast auf der Ilha Fiscal war der glanzvolle Rahmen für den letzten Ball des brasilianischen Kaisers Dom Pedro II., bevor er im November 1889 der neu ausgerufenen Republik weichen musste. In unmittelbarer Nähe zum Zentrum von Rio gelegen, beherbergt er heute die Hafenbehörde. Im Hintergrund ist die 14 Kilometer lange Brücke zu sehen, die Rio mit Niterói auf der anderen Seite der Bucht verbindet.

Unten und ganz unten:
Das Leben in Rio de Janeiro spielt sich großteils auf der Straße ab – sei es bei der sonntäglichen Ausfahrt mit dem Fahrrad oder beim Verdienen eines bescheidenen Zubrots durch die Anfertigung liebevoll gemalter Straßenporträts.

Kleine Bilder rechts:
Die kleinen, zur Straße hin offenen Bars – in Rio »Botequins« genannt – sind ein wichtiger Bestandteil des städtischen Lebens. In der Regel äußerst bescheiden ausgestattet, bieten sie entspannte Atmosphäre, einfache Gerichte und viel kühles Bier. Die traditionsreichsten Botequins gehen bis ins 19. Jahrhundert zurück. Sie sind Orte der angeregten Unterhaltung, an denen die Cariocas ihrer Musikalität freien Lauf lassen.

Rechte Seite:
Die Ufer der Lagoa Rodrigo de Freitas in der wohlhabenden Südzone Rios sind bei den Cariocas äußerst beliebt. Parks, Sportanlagen, Laufstrecken und zahlreiche Kioske machen die Umgebung des Sees zu einem Freizeitparadies ersten Ranges.

LAND DES KARNEVALS

Brasilien ist ein Land des Karnevals – das ist nicht nur ein in aller Welt verbreitetes Klischee Brasiliens, die brasilianische Karnevals-Passion ist in der Tat ein herausragendes Charakteristikum dieses Landes. Für einen Großteil der Bevölkerung ist der Karneval der Höhepunkt des Jahres – sei es, indem man sich das ganze Jahr über an der Entwicklung von Themen und Melodien für den nächsten Karneval, am Einüben der Lieder und Rhythmen, am Herstellen der aufwändigen Kostüme und Aufbauten beteiligt oder sich auch nur mit der intensiven Planung von Festen oder Reisen für diese Zeit des Jahres beschäftigt.

Der Karneval ist das größte, bunteste und bedeutendste Fest Brasiliens. Und in kaum einer anderen Stadt Brasiliens wird dieses Fest so ausgiebig zelebriert wie in Rio de Janeiro. Dutzende Sambaschulen mit Zehntausenden Mitgliedern und Helfern bereiten sich das ganze Jahr über in fiebriger Aktivität auf diese vier Tage währende »Eruption der Lebensfreude« vor, die sich wie glühende Lava vom »Sambódromo«, dem eigens für diesen Zweck erbauten Karnevalsstadion, aus über ganz Rio de Janeiro und Brasilien ergießt.

Der brasilianische Karneval hat seine Wurzeln in Portugal. Dort wurde unter dem Namen »entrudo« ein derbes Spektakel aufgeführt, bei dem sich die Leute zum Gaudium aller gegenseitig mit Wasserbomben und anderen übelriechenden oder schmutzigen Dingen bewarfen. Noch heute ist diese aus dem 18. Jahrhundert stammende Urform des Karnevals in der Form der so genannten »schmutzigen Gruppen« (blocos de sujos) Teil der vielfältigen brasilianischen Karnevalstraditionen.

Links oben: *Die Referenz an die indianischen Vorfahren vieler Brasilianer darf auch beim Karneval nicht fehlen. Nicht nur der federnbesetzte Kopfschmuck, auch die Themen der Karnevalsgruppen beziehen sich immer wieder auf die Ureinwohner Brasiliens.*

Oben: *Das Paar aus Zeremonienmeister (Mestre-sala) und Fahnenträgerin (Porta-bandeira) geht auf die elitären Karnevalsvergnügungen des 19. Jahrhunderts zurück. Aufgabe der Fahnenträgerin ist es, das Banner der Sambaschule mit besonderer Eleganz und Würde zu schwingen, während sich der Mestre-sala in tänzelnden Ehrenbezeugungen an sie ergeht.*

DIENSTBOTEN ALS KÖNIGE UND PRINZESSINNEN

Bekannt wurde der Karneval Brasiliens und insbesondere der Rio de Janeiros jedoch in erster Linie durch die »Sambaschulen« mit ihren Defilees durch das »Sambódromo«. Die charakteristischen Elemente der Sambaschulen in ihrer heutigen Form entstanden in den letzten eineinhalb Jahrhunderten durch eine Verschmelzung unterschiedlicher Traditionen. So sind die reich geschmückten Karnevalswagen eine Erinnerung an die zur Mitte des 19. Jahrhunderts entstandenen Karnevals-Gesellschaften der wohlhabenden Bürger, die auf diesen Wagen zum Klang von Opernarien am einfachen Volk vorbeizogen. Die Rhythmusgruppen mit ihren zahlreichen verschiedenen Perkussions-Instrumenten und der Samba als frenetischer Tanz afro-brasilianischen Ursprungs sind der bedeutende Beitrag der Afro-Brasilianer, die einmal im Jahr nicht als Arbeiter und Dienstboten von ihren ärmlichen Behausungen auf den Hügeln in die Stadt herabsteigen, sondern als Könige und Prinzessinnen eines Festes, bei dem die Bedeutungslosigkeit der während des restlichen Jahres so leidvoll erlebten sozialen Hierarchien zelebriert wird.

AKUSTISCHES KERNSTÜCK – DIE »BATERIA«

Mittlerweile sind aber die Sambaschulen längst zu millionenschweren Unternehmungen geworden, bei denen alles nach Plan laufen muss. Der Durchzug der »escolas« durch das Sambastadion ist exakt durchchoreographiert und wird von den »carnevalescos«, den Regisseuren des Karnevals, geleitet und überwacht. Eine weitere wichtige Rolle im Vorfeld der Defilees spielen die Komponisten der Lieder, mit denen sich die Sambaschulen präsentieren: In langwierigen internen Abstimmungsverfahren wird über das Jahr hinweg die geeignetste Komposition aus mehreren Alternativen ausgewählt. Die Liedtexte müssen dabei möglichst nah am gewählten Karnevalsthema liegen, denn nicht zuletzt sie entscheiden über einen möglichen Sieg beim Wettbewerb. Nicht minder bedeutend sind die »puxadores«, die Hauptsänger der Sambaschulen, die während der 80 Minuten dauernden Parade ohne Unterlass und aus ganzem Herzen das Lied der Sambaschule vortragen. Akustisches Kernstück einer jeden Sambaschule ist die »bateria« genannte Rhythmusgruppe mit bis zu 350 Perkussionisten, die verschiedene Arten von Trommeln sowie Schellen, Rasseln und mit Holzstäben geschlagene Glocken spielen. Sie ergeben den charakteristischen frenetischen Klang des Karnevals von Rio, der die ganze Welt in seinen Bann zu ziehen vermag.

Rechts oben:
Das gleißende Spektakel aus Pailletten, Federn, Strass und Bikinis findet in den zwei Tage dauernden Defilees seinen Höhepunkt.

Rechts:
Am Höhepunkt des Umzugs kennt die Farbenpracht keine Grenzen mehr – und mit ihr die Euphorie der Beteiligten und Zuschauer.

Linke Seite:
Jede Sambaschule führt bei ihrem Umzug mehrere Karnevalswagen, so genannte »carros alegóricos« mit, deren abenteuerliche und phantasievolle Aufbauten die zentralen Themen des Defilees darstellen. Auf den Plattformen in schwindelerregender Höhe präsentieren sich in den letzten Jahren vorwiegend Berühmtheiten aus dem Showbusiness.

Kleine Bilder links:
Der Karneval von Rio hat viele Gesichter – weiß und schwarz, freizügig und farbenfroh.

Ein Dschungel aus Stein – so präsentiert sich die Millionenmetropole São Paulo dem Betrachter. Die charakteristische Wellenform des Edifício Copan, erbaut von Oscar Niemeyer, gibt den Blick frei auf das nicht enden wollende Hochhaus-Panorama der mit über 16 Millionen Einwohnern größten Stadt Brasiliens.

Der Künstlermarkt auf der Praça da República in São Paulo lockt am Wochenende Tausende Besucher an. Aber auch an den restlichen Tagen ist der schattige Platz im Herzen der Stadt eine Oase der Ruhe inmitten des hektischen Treibens von Brasiliens Industrie- und Handelszentrum.

Alt und Neu, klein und überdimensioniert stehen im Zentrum von São Paulo Seite an Seite. Historische Architektur musste fast überall der Modernität in Form von breiten Straßen und Hochhausbauten weichen. Die historische Bausubstanz der Stadt ist im Zuge des ungehemmten Wachstums fast zur Gänze einem unübersehbaren Wald von Wolkenkratzern gewichen. Geblieben ist mancherorts der Reiz des Kontrastes.

Oben und unten:
Das Teatro Municipal bildet gemeinsam mit der benachbarten Praça Ramos de Azevedo einen erholsamen Ruhepol inmitten des pulsierenden Lebens der Metropole São Paulo.

Linke Seite:
Das Teatro Municipal von São Paulo entstand 1911 nach dem Vorbild der Pariser Oper. Ein Großteil der Innenausstattung des Theaters stammt aus Europa.

Im Süden des Bundesstaates Rio de Janeiro lässt das Kolonialstädtchen Parati längst vergangene Zeiten wieder auferstehen. Die geduckten Häuserzeilen und Kirchen stammen aus dem 18. Jahrhundert, als die Stadt Exporthafen für das in Minas Gerais geförderte Gold war. Heute ist Parati ein idealer Ausgangspunkt, um die Inseln der Bucht und die alten Zuckerrohr-Plantagen im Hinterland zu erkunden.

Auf den Straßenmärkten Brasiliens – hier Marktszenen aus Minas Gerais – werden nicht nur Früchte feilgeboten, sondern auch eingelegte Chilischoten, die im ganzen Land zum Würzen der beliebten Bohnengerichte verwendet werden.

Seite 76/77:
Der Platz der drei Gewalten (Praça dos Três Poderes) ist die zentrale architektonische Einheit der Hauptstadt Brasília. Als Synthese der Architektur der beiden Erbauer Brasílias, Oscar Niemeyer und Lúcio Costa, beherbergt der Platz den Nationalkongress, den Regierungspalast, den Obersten Bundesgerichtshof sowie das Außen- und Justizministerium.

Unten:
Die Schnellstraße BR-101 ist die Lebensader Brasiliens. Vom äußersten Süden bis in den Nordosten Brasiliens folgt sie beinahe der gesamten Atlantikküste. Auf dem Abschnitt zwischen Recife und Salvador durchquert sie Restbestände des Atlantischen Regenwalds, der vor der Entdeckung Brasiliens das gesamte Küstentiefland bedeckte.

Rechts oben:
Farmen gigantischen Ausmaßes – hier die Zufahrt zu einer Fazenda in Minas Gerais – prägen die Weiten des brasilianischen Hinterlandes.

Rechts Mitte:
Die Straße ist in weiten Teilen Brasiliens mangels anderer Alternativen der einzige Transportweg. Bis in die letzten Winke

des riesigen Landes bringen Lastwagen ihre Waren und haben dabei oft mit überschwemmten oder vermurten Straßen zu kämpfen.

Rechts unten: *Wenn auch die goldenen Zeiten des Bergbaus in Minas Gerais schon längst vorbei sind, kommt dem Abbau von Erzen immer noch große Bedeutung zu. Auf der Suche nach Edelsteinvorkommen durchwühlen Tausende von Minenarbeitern die Berge auf eigene Faust.*

VOM BAROCK ZU OSCAR NIEMEYER

Der plötzliche Reichtum aufgrund umfangreicher Goldfunde führte im 18. Jahrhundert zu einer Blüte des Barock-Stils in der brasilianischen Kolonialarchitektur, die bis in die Epoche des unabhängigen Kaiserreiches (1822–1889) hineinreichte. Die brasilianische Variante des Barock ist durch zwei Hauptrichtungen bestimmt: In den durch den Zuckerhandel und den Gold- und Diamantenabbau reich gewordenen Regionen finden sich unzählige Kirchen mit Holzrelief-Arbeiten, die mit Blattgold überzogen sind. Abseits dieser Regionen – dort, wo es weder Gold noch Zucker gab – präsentieren sich die Kirchen weitaus bescheidener und wurden von weniger berühmten, volksnahen Künstlern gestaltet. Die Verschmelzung barocker Architektur, Bildhauerei, Holzschnitzerei und Malerei fand ihren stärksten Ausdruck in den Bergen von Minas Gerais und ist in erster Linie mit einem Namen verbunden: Antônio Francisco Lisboa, bekannt als »Aleijadinho« (Krüppelchen), machte die Stadt Ouro Preto im Goldenen Zeitalter von Minas Gerais zu einer barocken Perle in den Bergen. Bis heute ist die ganze Stadt ein architektonisches Meisterwerk der brasilianischen Kolonialkunst und wurde 1980 von der UNESCO zum Weltkulturerbe erklärt. Weithin berühmt sind die Skulpturen von Aleijadinho aus Seifenstein.

Wie Aleijadinho für den kolonialen Barock steht der Name Oscar Niemeyer für die große Tradition der modernen Architektur in Brasilien. 1907 in Rio de Janeiro geboren, gilt Oscar Niemeyer als wichtigster brasilianischer Architekt des 20. Jahrhunderts. Gemeinsam mit Lúcio Costa, dem Planer der futuristischen neuen Hauptstadt Brasília, gehört er zu den prononciertesten Vertretern des Modernismus – nicht nur in Brasilien, sondern weltweit. Schon bei der Planung des Ministeriums für Erziehung und Gesundheit in Rio de Janeiro und des Sitzes der UNESCO in den USA in den 1940er-Jahren arbeitete Niemeyer mit Le Corbusier zusammen. Anfangs unter dessen Einfluss stehend, ent-

Links:
Der Goldreichtum Brasiliens im 18. Jahrhundert manifestierte sich in überreichen Verzierungen. Das Hauptschiff der Kirche des Klosters São Francisco in Salvador ist über und über mit Blattgold verziert.

Ganz oben:
Noch keine hundert Jahre alt ist die Kathedrale von Santo Ângelo. Sie wurde 1929 als ungefähre Rekonstruktion der früheren jesuitischen Missionskirche von São Miguel das Missões erbaut.

Oben:
Der Palácio dos Arcos von Oscar Niemeyer, auch als Palácio do Itamaraty bekannt, ist eines der elegantesten Gebäude Brasílias. Der modernistische Palast ist Amtssitz des brasilianischen Außenministeriums.

– BRASILIANISCHE ARCHITEKTUR

ickelte er allmählich eine eigene Linie, die ich durch die Leichtigkeit der geschwungenen Formen, Harmonie und Eleganz auszeichnet. Niemeyer brachte durch die Verindung des architektonischen Vokabulars es Barock mit dem Modernismus eine pektakuläre neue Formensprache hervor.

MODERNE TRAUMSTADT AUS BETON

Weltweite Bekanntheit erreichte Niemeyer nit der visionären Architektur Brasílias, des eton gewordenen Traums von einem moernen Brasilien. Diese auf dem Reißbrett eplante Hauptstadt in der geografischen

Mitte des Landes sollte die Abkehr von der jahrhundertelangen Vernachlässigung der unermesslichen Weiten des Landesinneren Brasiliens symbolisieren und damit zugleich die Abkehr von seiner kolonialen Vergangenheit. Mitten im Niemandsland des Zentralen Hochlands von Góias wurde in 2000 Tagen die neue Hauptstadt aus dem Boden gestampft. Während das städtebauliche Projekt, das in seinem Grundriss einem Flugzeug gleicht,

von Lúcio Costa stammt, entwarf Niemeyer die Architektur der wichtigsten Gebäude wie Nationalkongress, Präsidentensitz, Justizpalast und Kathedrale. Die konkaven und konvexen Kuppeln des Nationalkongresses und die Säulen des »Palácio da Alvorada«, Amtssitz des Staatspräsidenten, fügen sich zu einer zeichenhaften Formensprache von großer Klarheit zusammen. Die Verwendung von geschwungenen Betonformen gehört zu den Charakteristiken von Niemeyers Architektur, die er später auf zahlreiche Fabriken, Wolkenkratzer, Ausstellungshallen, Wohnhäuser, Theater, Kirchen und Firmensitze in ganz Brasilien übertrug.

Doch es wäre nicht Brasilien, wenn der kühne, funktionale Traum einer perfekten, bis ins kleinste Detail geplanten Hauptstadt nicht rasch vom vitalen Chaos der Realität eingeholt worden wäre. Binnen kürzester Zeit wurden die Annahmen, die bei der Planung der Stadt getroffen worden waren, von der Realität eingeholt: Ursprünglich für nur 500 000 Bewohner vorgesehen, wuchs mit der Übersiedlung der bundesstaatlichen Verwaltungsorgane von Rio de Janeiro nach Brasília im Jahr 1960 die Hauptstadt derartig rasant, dass in gewissem Respektabstand eine Reihe von Satellitenstädten entstand, die im ursprünglichen Plan nicht vorgesehen waren. Heute zählt Brasília samt den Satellitenstädten im Bundesdistrikt (Distrito Federal) zwei Millionen Einwohner.

Ganz oben: *Die Kathedrale von Brasília, wie die meisten großen Gebäude der Hauptstadt ebenfalls von Oscar Niemeyer entworfen, wurde erst 1970 fertig gestellt.*

Rechts oben: *Die Gebäude des brasilianischen Nationalkongresses beherbergen den Senat und das Abgeordnetenhaus. Die konvexe und die konkave Schale stehen als Symbole für die beiden sich ergänzenden Parlamentskammern.*

Oben:
Der Bau der Kathedrale von Brasília, die je nach Interpretation die Form der Dornenkorne Christi, einer Blüte oder betender Hände hat, gilt als das Meisterwerk Oscar Niemeyers. Vor dem Eingang stehen moderne Steinskulpturen der vier Evangelisten.

Rechts:
Den kreisrunden, schlichten Innenraum der Kathedrale zieren lediglich ein Altar sowie drei große Engelsfiguren von João Ceschiatti, die unter der Kuppel zu schweben scheinen.

Oben:
Der unterirdische Eingang zur Kathedrale liegt im Schatten, um die Gläubigen vom Dunkeln ins helle Innere zu führen, das durch die bunte Glasstruktur der Außenhaut in ein eigentümliches Licht getaucht wird.

Links:
Groß dimensioniert wie die gesamte weitläufige Stadt sind auch die zahlreichen Monumente, die im mittleren Teil der städtischen Hauptachse Brasílias konzentriert sind.

Selbst heute noch futuristisch anmutende Formen ragen in den malerischen Himmel des Zentralen Hochlands, wo Brasília als Hauptstadt vom Reißbrett in den fünfziger Jahren entstand.

Längst schon hat sich die Bevölkerung Brasílias die außergewöhnliche Architektur der Hauptstadt auf ihre Weise zurückgeholt. Der ursprüngliche Anspruch, hier alles neu und ganz anders zu machen, wurde durch die brasilianische Lebendigkeit aufgeweicht und gab dem modernistischen Traum ein menschlicheres Gesicht.

Der ökumenische Tempel der »Legião da Boa Vontade« in Brasília hat die Form einer Pyramide. Auf seiner Spitze befindet sich ein 40 Zentimeter großer und 21 Kilogramm schwerer Kristallstein.

Nicht nur die großen Regierungsgebäude Brasílias zeichnen sich durch eine außergewöhnliche Architektur aus, auch die Verwaltungs- und Wohnblöcke sind Teil des urbanistischen Gesamtkunstwerks.

DER SÜDEN – EUROPÄISCHE

In der Sprache der Indianer der Region bedeutet Iguaçu »großes Wasser« – eine treffende Bezeichnung für diese überwältigenden Wasserfälle, die zu den größten der Welt zählen. Auf einer Breite von mehr als zwei Kilometern stürzt der Rio Iguaçu donnernd in die Tiefe. Durch den Aufprall von durchschnittlich 1750 Kubikmetern Wasser pro Sekunde entsteht eine konstante, dreißig Meter hohe Wasserwolke, in der sich bei Sonnenschein faszinierende Regenbogen abzeichnen.

Der Süden Brasiliens ist jene Gegend Brasiliens, die sich klimatisch am stärksten von den anderen, subtropischen und tropischen Regionen abhebt. Mit seinem gemäßigten Klima erinnert der Süden in weiten Teilen an das mediterrane Europa. Daher ist es nicht verwunderlich, dass ein Großteil jener europäischen Immigranten, die nicht im Südosten blieben, im Süden landeten, wo sie neben klimatischen auch gute wirtschaftliche Bedingungen vorfanden.

Die Geografie der Region ist, genauso wie entlang großer Abschnitte an der Küste des Südostens, durch küstennahe Gebirge geprägt. Im Landesinneren der drei Südstaaten Paraná, Santa Catarina und Rio Grande do Sul erstrecken sich Gebiete, die aus einem gewaltigen Lavaerguss entstanden und dadurch besonders fruchtbar sind. Die deutschen, italienischen und osteuropäischen Immigranten fanden hier ideale Bedingungen für die Entwicklung der Landwirtschaft und der Viehzucht vor. Die Nähe zu den spanischsprachigen Nachbarn Uruguay und Argentinien macht sich in den Viehzuchtregionen des Südens auch durch eine starke »Gaúcho«-Kultur bemerkbar, deren Symbole der Mate-Tee, Pferde, eine eigene Musik und eine große Vorliebe für Rindfleisch sind. Selbst im industrialisierten und hoch entwickelten Südbrasilien von heute ist der Verweis auf diese kulturellen Traditionen noch häufig zu finden, unterstreicht er doch, wie verschieden dieser Teil Brasiliens und seine Bewohner vom restlichen Brasilien sind.

Im Süden Brasiliens finden sich noch zahlreiche Gruppen deutscher Einwanderer und ihrer Nachkommen, die bis in die heutigen Tage nicht nur verschiedene deutsche Dialekte (neben dem brasilianischen Portugiesisch) sprechen, sondern auch die kulturellen Traditionen ihrer Ursprungsländer erhalten. Städte wie Blumenau oder Treze Tílias/Dreizehnlinden zeugen von dieser deutsch-brasilianischen Geschichte.

STÄDTE UND WEITES LAND

Aufgrund seiner Lage an der Grenze zwischen Brasilien und Argentinien kann das einzigartige Schauspiel der Iguaçu-Wasserfälle aus verschiedenen Perspektiven und von beiden Seiten der Grenze aus betrachtet werden. Die neunzehn größten Wasserfälle sind allerdings am besten von brasilianischer Seite aus einzusehen.

*Die Anzahl der voraus-
gegangenen Regentage
und die Niederschlags-
menge führen zu einer
ständigen Veränderung
im Aussehen der Iguaçu-
Wasserfälle. Je nach
Pegelstand des Rio
Iguaçu schwankt die
Zahl der einzelnen Fälle
zwischen 150 und 300.*

Oben:
Große Teile von Rio Grande do Sul, des brasilianischen Bundesstaats mit dem gemäßigsten Klima, sind von den weitläufigen »campanhas« bestimmt, wie die bis in den Süden Brasiliens reichenden Ausläufer der argentinischen Pampas genannt werden.

Rechts:
Das Küstengebirge der Serra do Mar zieht sich von Espírito Santo und Rio de Janeiro bis in den Süden. Früher vollständig von Atlantischem Regenwald bedeckt, sind heute nur mehr fünf Prozent der ursprünglichen Bewaldung erhalten.

Oben:
Rio Grande do Sul und seine traditionelle Bevölkerung, die von der Viehzucht lebenden »gaúchos«, sind ein Stück Brasilien, das mit dem herkömmlichen Bild von einem tropischen Land kaum mehr etwas zu tun hat.

Links:
Holzhäuser wie dieses fanden sich in früheren Zeiten auf vielen der unzähligen Rinderfarmen in den Grassteppen von Rio Grande do Sul.

Kleine Bilder links: *Die Vorliebe für das saftige Fleisch von Rindern, die in den Weiten der »campanhas« grasen, gehört zu den konstituierenden Elementen der Gaúcho-Identität, ebenso wie das Rodeo, der erfrischende Mate-Tee und die charakteristischen Tänze.*

Unten:
Obwohl nur noch ein kleiner Bruchteil der Bevölkerung in der extensiven Viehzucht beschäftigt ist, blieb der Gaúcho als identitätsstiftender Charakter in Rio Grande do Sul Gegenstand einer lebhaften regionalen Folklore. Idyllische Szenen wie diese machen es auch dem Außenstehenden leicht, die Anziehungskraft nachzuvollziehen, die das Landleben auf die Bevölkerung des Südens ausübt.

Ein Tiroler Dorf in der hügeligen Landschaft von Santa Catarina in Südbrasilien. So präsentiert sich Dreizehnlinden, das sich auf Portugiesisch Treze Tílias nennt, dem erstaunten Betrachter.

Wie aus einem Tiroler Alpental erscheint dieses Haus in Treze Tílias. Die Nachkommen der 82 Tiroler Auswanderer, die 1933 das Dorf gründeten, pflegen bis heute die aus ihrer Heimat mitgebrachte Kultur und Sprache. Gegenwärtig leben die 4000 Einwohner des 840 Meter hoch gelegenen Dorfs neben der Landwirtschaft vor allem vom Fremdenverkehr.

Die Fachwerkbauten von Blumenau im brasilianischen Bundesstaat Santa Catarina erinnern daran, dass sich in dieser Region im 19. Jahrhundert zahlreiche deutsche Immigranten niedergelassen haben. Doch nicht nur in der Architektur ist der Einfluss deutscher Kultur zu verspüren: Jährlicher Höhepunkt des Stadtlebens ist das seit 1984 stattfindende »Oktoberfest«, das bereits die Dimensionen des bayerischen Originals erreicht hat.

Schon an der Ortseinfahrt lässt Treze Tílias bei seinen Besuchern keinen Zweifel aufkommen, woher die Vorfahren einst eingewandert sind. Die offensiv zur Schau getragene Tiroler Identität macht sich aus touristischer Sicht voll bezahlt für die Dreizehnlindner.

AMAZONIEN UND DER

Der Großteil der nicht-indianischen Landbevölkerung im Amazonas-Gebiet lebt an den Ufern der Flüsse. Der Fluss dient nicht nur als Verkehrsader, sondern versorgt die »ribeirinhos« genannten Flussanwohner in Ergänzung zum Maniok-Anbau auch mit Fisch-Nahrung im Überfluss.

Die zwei flächenmäßig größten brasilianischen Regionen – Norden und Mittel-Westen – nehmen mit ihren rund 5,5 Millionen Quadratkilometern zusammen genommen fast zwei Drittel der brasilianischen Landfläche ein, während ihre Bevölkerung nur einen Anteil von knapp 15 Prozent an der Gesamtbevölkerung von 170 Millionen Menschen hat. Diese Zahlen alleine weisen schon auf das Charakteristische dieser zwei Regionen hin: Weites, kaum besiedeltes Land im Westen und dichter, von zahlreichen Flüssen durchzogener Urwald im Amazonasbecken und im Pantanal.

Lange Zeit sich selbst überlassen und durch große Distanzen von den wirtschaftlichen und politischen Zentren an der Atlantikküste getrennt, wurden der Westen und Norden im 20. Jahrhundert zum Ziel der wirtschaftlichen Erschließungsbestrebungen des brasilianischen Staates, die sich in der Gründung von Reißbrett-Städten und künstlich stimulierten Migrationen auswirkten. So entstand die heutige Hauptstadt Brasília inmitten einer weiten, dünn besiedelten Hochebene und die Millionenstadt Manaus im Herzen Amazoniens.

Als größter tropischer Regenwald der Welt weist das Amazonas-Becken eine unvergleichliche Artenvielfalt auf: Die Hälfte aller bekannten tropischen Pflanzenarten haben in Amazonien ihre Heimat und es gibt dort mehr Fischarten als im gesamten Atlantischen Ozean. Amazonien ist die Heimat von 1800 Vogelarten, 400 Säugetierarten, 550 Reptilienarten, 3000 Fischarten, 20 000 Pflanzenarten sowie mehreren zehn Millionen Insektenarten. Der Raubbau an den Edelholzbeständen des Dschungels, Rodungen für Landwirtschaft und Viehzucht sowie die Ausbeutung von Bodenschätzen haben der Amazonas-Region jedoch in den letzten Jahrzehnten stark zugesetzt. Eine strengere Umweltgesetzgebung, die sukzessive Anerkennung von Landrechten der Indianer und eine effizientere Kontrolle geben jedoch in jüngster Zeit Hoffnung, dass dieser einzigartige Lebensraum auch in Zukunft erhalten bleibt.

»WILDE WESTEN« BRASILIENS

Seite 96/97:
Im Teatro Amazonas von Manaus feierten zu Beginn des 20. Jahrhunderts die berühmtesten Opernsänger jener Epoche umjubelte Auftritte. Nachdem es viele Jahre dem Verfall preisgegeben war, wurde das Opernhaus 1990 in seinem hundertsten Bestandsjahr mit Mitteln der Provinzregierung wieder in Stand gesetzt.

Unten:
Die Alfândega von Manaus – zwei Gebäude der Zollwache – gilt als das weltweit erste Fertigteil-Bauwerk. 1906 offiziell eingeweiht, wurde das Zollgebäude von einer englischen Firma errichtet, die das Baumaterial Stück für Stück als Schiffsballast aus Schottland einführen ließ.

Rechts:
Hafen-Konstrukteure müssen am Amazonas mit einem besonderen Problem fertig werden: Das geringe Gefälle des Stroms führt dazu, dass selbst in Manaus, das 1600 Kilometer vom Atlantischen Ozean entfernt liegt, der Wasserstand über das Jahr hinweg um bis zu 14 Meter schwanken kann. Die Lösung fand ein schottischer Ingenieur Anfang des 20. Jahrhunderts, indem er eine schwimmende Anlegestelle für Passagierschiffe konstruierte, die mit dem Festland über eine 150 Meter lange Rampe verbunden ist.

Oben:
Die Außenfassade des Teatro Amazonas ist vor allem durch neoklassizistische Stilelemente geprägt. Seit der Renovierung bietet das Teatro Amazonas wieder regelmäßige Aufführungen von Opern und Konzerten.

Rechts:
Ein Indio-Mädchen wartet auf die Abfahrt eines der typischen Amazonas-Flussschiffe im Hafen von Manaus.

Ganz rechts:
Faultiere sind in Amazonien bei den Kindern wegen ihrer Langsamkeit und Gutmütigkeit als Spielkameraden äußerst beliebt.

N2P

NATURAL

Oben:
Die Fischverkäufer in der historischen Markthalle von Manaus können aus dem Vollen schöpfen. Mit über 3000 Spezies weist die Amazonas-Region eine größere Artenvielfalt an Fischen auf als der gesamte Atlantische Ozean.

Rechts:
Die zweistöckigen hölzernen Boote bilden das Rückgrat der Flussschifffahrt in Amazonien. Mit ihnen werden nicht nur Waren aller Art transportiert, sondern auch eine größtmögliche Anzahl von Passagieren, die mit Hilfe von Hängematten untergebracht werden.

Oben:
Bananen gedeihen äußerst gut im tropisch-feuchten Klima Amazoniens. Erschöpft von der Hitze des Tages, legen diese Männer eine Pause inmitten eines Bananenlagers im Markt von Manaus ein.

Links:
Ein großer Fang wie dieser gehört angesichts des Fischreichtums in den Flüssen der Amazonas-Region zu den Alltagserlebnissen eines jeden Fischers.

In Mäandern durchziehen zahlreiche Flüsse das Amazonas-Tiefland. Dem Reisenden bieten nur die von Zeit zu Zeit auftauchenden Siedlungen am Flussufer Abwechslung vom immergleichen Grün der Ufer.

Bei Manaus fließen die Wasser des Rio Negro und des Rio Solimões zusammen. Erst ab hier nennt sich der aus dem Zusammentreffen der beiden Flüsse entstehende, mehrere Kilometer breite Strom »Amazonas«. Die Wasser der beiden Flüsse fließen aber noch lange Seite an Seite weiter, ohne sich zu vermischen. Verantwortlich für diesen Effekt ist die höhere Dichte des Wassers des Rio Solimões, die gegen das Eindringen des Rio Negro wie eine Barriere wirkt, die sich über 40 Kilometer als eine klare Wassergrenze abzeichnet.

Links oben:
Trotz ihres furchterregenden Äußeren sind die Brillenkaimane des Pantanal für Menschen weit gehend ungefährlich. Sie werden bis zu drei Meter lang und ernähren sich vor allem von Fischen und Wasservögeln. In der Trockenzeit tummeln sie sich zu Tausenden an den wenigen verbliebenen Wasserstellen.

Links Mitte:
Strahlend bunt mit vielen schillernden Farbtönen präsentieren sich die zahlreichen Schmetterlingsarten

Brasiliens. Manche davon wie dieser Ritterfalter sind mit anderen Formen auch in Europa präsent.

Links unten:
Für Silberreiher sind die fischreichen Gewässer Amazoniens ein idealer Lebensraum.

Unten:
Wasser bestimmt die Fluss- und Sumpflandschaft des Pantanal im Südwesten Brasiliens. Die alljährlich wiederkehrenden Überschwemmungen setzen in der Regenzeit ein Gebiet von 230 000 Quadratkilometern unter Wasser.

Seite 108/109:
Auch wenn die Indianer nur noch einen verschwindend kleinen Anteil an Brasiliens Bevölkerung haben, leben viele von ihnen noch in traditioneller Weise.

Unten:
Pferdewagen kommen im Pantanal nur in der Trockenzeit zum Einsatz. Während der alljährlichen Überschwemmungen ermöglichen nur noch Boote ein Fortkommen.

Rechts oben:
Die Versorgung der wenigen Ansiedlungen im Pantanal verlangt viel Mut von den LKW-Fahrern.

Die Überschwemmungen hinterlassen die Straßen und Brücken der Region meist in äußerst schlechtem Zustand.

Rechts Mitte: *In Amazonien ist für viele Menschen das Kanu das einzige Fortbewegungsmittel.*

Rechts unten: *Kleine motorisierte Holzschiffe übernehmen am Rio Solimões die Aufgabe des Personentransports in der gleichen Weise, wie es anderswo Autobusse tun.*

Oben:
Die Hängematte dient nicht nur den Indianern als Schlafplatz, der vor gefährlichen Tieren schützt und die Hitze erträglich macht. Auch in den Städten Brasiliens erfreuen sich die »Netze«, wie sie genannt werden, großer Beliebtheit.

Rechts:
Die Jagd mit Pfeil und Bogen gehört auch heute noch bei einer Reihe von Indianerstämmen in Amazonien zum Alltag.

Oben:
Einige wenige Indianerstämme Amazoniens leben noch als Jäger und Sammler. Geflochtene Körbe dienen den Indio-Frauen zum Einsammeln und Abtransport der Waldfrüchte.

Links:
Die Vorliebe der Indianer für ausgiebiges Baden mehrmals täglich bemerkten bereits die ersten portugiesischen Entdecker in ihren Aufzeichnungen. Bis heute hat sich nichts daran geändert.

INDIOS – DIE

Als die Portugiesen Anfang des 16. Jahrhunderts Brasilien entdeckten und in Besitz nahmen, fanden sie keineswegs ein unbewohntes, besitzerloses Land vor. Denn zum Zeitpunkt der Entdeckung war das heutige brasilianische Territorium bereits von mehr als zwei Millionen Menschen bevölkert, die wegen des bekannten Irrtums von Christopher Kolumbus (er glaubte, in Indien gelandet zu sein) Indianer oder Indios genannt wurden. Anders als dieser Einheitsbegriff suggeriert, setzte sich die brasilianische Urbevölkerung jedoch aus über 1000 Stämmen zusammen, von denen heute – nach über 500 Jahren des Kontakts mit unbekannten

Krankheiten, portugiesischen Sklavenjägern und einer zerstörerischen Zivilisation – nur mehr 215 Stämme übrig geblieben sind, die 170 verschiedene Sprachen sprechen. Dieser Ethnozid unvorstellbaren Ausmaßes setzte sich von den Anfängen der Kolonisierung bis in die 70er-Jahre des 20. Jahrhunderts hinein fort, als die brasilianische Indio-Bevölkerung mit rund 300 000 Menschen ihren absoluten Tiefststand erreichte. Dank einer geänderten Haltung des Staates und großer Teile der Bevölkerung sowie strenger Schutzbestimmungen und der Demarkierung von Indianer-Reservaten hat sich diese Zahl bis zur Jahrtausendwende wieder auf 700 000 erhöht. Auch die politische Mobilisierung zahlreicher Indio-Gemeinschaften in ganz Brasilien trug dazu bei, dass sich über das ganze Land verstreut wieder viele ländliche Gemeinschaften zu ihrer ethnischen Identität bekennen.

Dennoch sind zahlreiche Indianerstämme vom Aussterben bedroht, wie die Xetás im südlichen Bundesstaat Paraná, von denen

Links: *Dieser Stich von Rugendas aus dem Jahr 1835 zeigt Indianer bei der Jagd nach einem Jaguar.*

Unten: *Bereits für die Kinder der Indianer ist der richtige Umgang mit dem Kanu eine Selbstverständlichkeit.*

Kleine Bilder rechts: *Die Körperbemalung gilt bei vielen Indianerstämmen im Amazonas nicht nur als Schmuck, sondern hat auch eine tiefe religiöse Bedeutung. Die dafür verwendeten Farben werden ausschließlich aus Pflanzen gewonnen.*

ERSTEN BRASILIANER

nur mehr drei Individuen übrig sind, den amazonischen Junas mit sieben oder den Avás-Canoeiros mit nur 14 Stammesmitgliedern. Die indianische Bevölkerung leidet unter einen erschreckend hohen Kindersterblichkeitsrate und einer Lebenserwartung von nur 46 Jahren. Das größte Indio-Volk Brasiliens sind die Tikunas mit 23 000 Mitgliedern, gefolgt von den Xavantes und Caiapós. Heute befinden sich in den über ganz Brasilien verstreuten Rückzugsgebieten so genannte »Terras Indígenas« – Indianer-Schutzgebiete, über die nur die Indios verfügen dürfen und die einen späten Versuch der

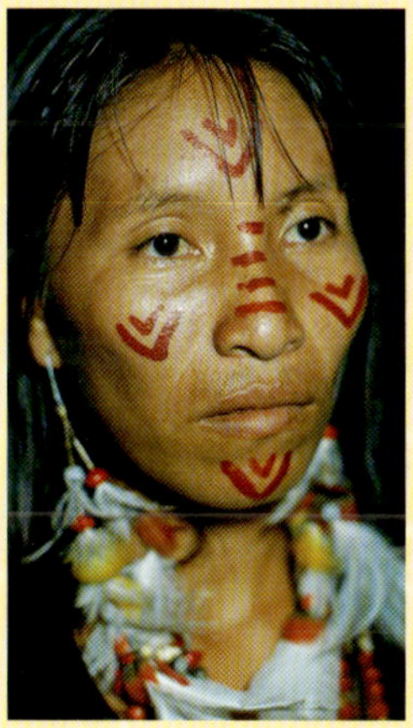

Wiedergutmachung seitens des brasilianischen Staates darstellen. Doch selbst diese »Terras Indígenas« – insbesondere jene größeren Ausmaßes im Amazonas-Becken – sind bis heute der Gefahr ausgesetzt, von der benachbarten weißen Landbevölkerung okkupiert zu werden. Sie weisen eine Fläche von insgesamt 850 000 Quadratkilometern auf, was in etwa einem Zehntel der Gesamtfläche Brasiliens entspricht. Konflikte um Indianer-Land stehen immer noch auf der Tagesordnung und erinnern daran, wie wenig sich an der Situation der brasilianischen Indios geändert hat.

SOZIALE UNSICHTBARKEIT

Andererseits bieten die unermesslichen Weiten Brasiliens bis heute Indianerstämmen Schutz, die noch nicht in Kontakt mit der modernen brasilianischen Gesellschaft getreten sind. Die staatliche Indianerbehörde Funai schätzt, dass es noch mindestens 50 so genannte »isolierte Indio-Gruppen« in Amazonien gibt, wobei von 41 nicht einmal bekannt ist, wo genau sie sich befinden. Dennoch ist es nur mehr eine Frage der Zeit, bis sie mit den vermeintlichen Segnungen der Zivilisation in Berührung kommen werden. Aber auch viele der Indio-Völker, die bereits seit langem Kontakt mit der zeitgenössischen brasilianischen Gesellschaft hatten, bewahrten die kulturellen Traditionen ihrer Vorfahren gegenüber der stärker europäisch und afrikanisch geprägten Nationalkultur.

Über die Hälfte der brasilianischen Indio-Bevölkerung konzentriert sich im Norden und Westen Brasiliens, vor allem aber in Amazonien. Mit Ausnahme der nordöstlichen Bundesstaaten Piauí und Rio Grande do Norte sind Indianer jedoch auf dem ganzen brasilianischen Territorium zu finden – ungeachtet ihrer sozialen Unsichtbarkeit und oft unbemerkt vom Großteil der Bevölkerung. Heute fordern sie mit wieder erstarktem Selbstbewusstsein in zunehmendem Maße ihr Recht auf kulturelle und soziale Anerkennung sowie ihren Platz in der multiethnischen brasilianischen Gesellschaft ein.

Rechts unten: *Auch wenn es noch eine Reihe nomadischer Indianerstämme im Amazonas-Gebiet gibt, lebt ein Großteil der Amazonas-Indianer in festen Dörfern, in denen die Holzhütten auf Stelzen erbaut sind.*

Oben links und rechts:
Die Pflanzenvielfalt des Amazonas treibt oft bizarre Blüten. Im Konkurrenzkampf um die Aufmerksamkeit der Vögel und Insekten entwickelten die Dschungelpflanzen eigenwillige Form- und Farbkombinationen.

Rechts:
In der Regenzeit steigt der Wasserspiegel im Amazonas-Gebiet um rund sieben Meter und setzt weite Teile der Vegetation unter Wasser. Auf vielen der großen Bäume im Regenwald ranken Kletterpflanzen wie diese Würgfeige. Das Blätterdach dieser Trittbrettfahrer des Urwalds überragt bald jenes ihrer Wirtspflanze und beraubt diese so lange des kostbaren Sonnenlichts, bis sie abstirbt.

Links:
Palmblätter bestechen im Gewirr des Regenwalds durch ihre gleichmäßige Geometrie. Viele Palmarten haben eine große wirtschaftliche Bedeutung für die Bevölkerung des Amazonas und dienen – zu wasserdichten Dächern geschichtet – als Schutz der Behausungen.

Kleine Bilder unten:
Die Formen- und Farbenvielfalt der Amazonas-Flora ist so reichhaltig wie nirgendwo sonst auf der Welt. Mit mehr als 20 000 Spezies beherbergt der brasilianische Regenwald die Hälfte aller bekannten tropischen Pflanzenarten. Dank dieses immensen Pflanzenreichtums ist das Amazonas-Becken die grüne Lunge der Welt.

Der Riesen-Tukan – eine der auffallendsten Erscheinungen der amazonischen Vogelwelt – ernährt sich vorwiegend von Insekten und Früchten. Der überdimensioniert erscheinende, farbenprächtige Schnabel des Riesen-Tukan ist von weitem zu sehen – ein bei männlichen Tukanen durchaus erwünschter Effekt, um die Aufmerksamkeit von Weibchen zu erhaschen.

Der Flachlandtapir – ein entfernter Verwandter des Nashorns – ist vor allem im zentralen Amazonas-Gebiet zu finden. Obwohl sein einziger natürlicher Feind der Jaguar ist, gilt der Flachlandtapir mit einem Bestand von nur noch rund 1500 Tieren als stark gefährdet. Schuld daran ist die illegale Jagd.

Ihren Namen erhielten die Kapuzineraffen aufgrund des Farbmusters ihrer Kopfhaare, das den Käppchen der Kapuziner-Mönche gleicht. Sie bevölkern den Amazonas-Dschungel in kleinen Trupps von 10 bis 20 Tieren und halten durch Laute Kontakt zueinander.

Das wasserreiche Amazonas-Gebiet bietet auch zahlreichen Schildkrötenarten Rückzugsgebiet und Lebensraum.

Oben links und rechts: *Die typischen Behausungen der Amazonas-Flussbewohner sind hölzerne Pfahlbauten. Den Menschen bieten sie Schutz vor Schlangen, während der Raum unter den Hütten den Haustieren als Unterschlupf vor den heftigen Regenschauern dient.*

Rechts: *Durch seine Lage im Herzen des südamerikanischen Subkontinents wirkt der Pantanal wie ein Schwamm mit Abertausenden von Wasseradern, der die Wassermassen aus den Anden und der Mitte Südamerikas ein halbes Jahr lang aufsaugt und sie fein dosiert wieder abgibt.*

Oben:
Der Fluss ist für die Bewohner Amazoniens nicht nur Transportmittel und Nahrungsquelle, sondern auch Waschküche.

Links:
Piranhas zu angeln, ist wegen ihrer ausgeprägten Fresslust ein leichtes Unterfangen. Diese Fische werden seit jeher von den Flussanwohnern im Amazonas hoch geschätzt, da sie gut schmecken und sehr nahrhaft sind.

Der in weiten Teilen noch unberührte Amazonas-Dschungel ist nicht nur Lebensraum zahlreicher Tier- und Pflanzenarten, sondern auch eine ideale Spielwiese für entdeckungslustige Indio-Kinder. Wie die zahlreichen Ressourcen des Walds schonend genutzt werden können, ohne dessen Fortbestand zu gefährden, lernen die Indianer schon von klein auf.

Rechte Seite:
Indianermädchen aus Amazonien mit einem Ara, der nicht nur im Urwald, sondern auch in vielen brasilianischen Wohnungen und Häusern ein freundschaftlich-gesprächiger Mitbewohner der Menschen ist.

REGISTER

VENEZUELA
GUYANA
SURINAM
FRANZ. GUYANA
BRASILIEN
BOLIVIEN
PARAGUAY
ARGENTINIEN
URUGUAY
HILE
ATLANTISCHER OZEAN
Boa Vista
Rio Negro
Amazonas
Amazonas Delta
I. de Marajó
Belém
Bragança
Santarém
Manaus
São Luis
Parnaíba
Fortaleza
Tucurui
Bacabal
Itaituba
Juruá
Tapajós
Teresina
Mossoró
Maraba
Barra do Corda
Natal
Purus
Araguaina
Juazeiro do Norte
Campina Grande
Recife
Caruarú
Floresta
Pôrto Velho
Araguaia
Petrolina
Maceió
Ariquemes
Campos Caatinga
São Francisco
Aracaju
Feira de Santana
Alagoinhas
Salvador
Planalto do Mato Grosso
Espinosa
Ilhéus
Cuiabá
Brasilia
Cáceres
La Paz
Goiânia
Montes Claros
Pantanal
Rio Verde
Patos de Minas
Governador Valadares
Corumbá
Araguari
Linhares
Belo Horizonte
Vitória
Campo Grande
Paraná
Araraquara
Petrópolis
Campos
Dourados
Bauru
Nova Iguaçu
Campinas
Rio de Janeiro
Maringa
São Paulo
Taubaté
Santos
Ponta Grossa
Asuncion
Foz do Iguaçu
Curitiba
Itajaí
Florianópolis
Caxias do Sul
Santa Maria
Uruguaiana
Porto Alegre
Córdoba
Pelotas
Rio Grande
Buenos Aires

Die »Baiana« mit ihren charakteristischen Schmuckketten und Kleidern ist eines der Symbole der afro-brasilianischen Kultur und Identität und untrennbar mit der Stadt Salvador verbunden. In ihren immer tadellos weißen, reich bestickten Reifröcken sind die Baianas tagtäglich unter freiem Himmel mit der Zubereitung allerlei exotischer Leckerbissen beschäftigt.

Impressum

Buchgestaltung
hoyerdesign grafik gmbh, Freiburg

Karte
Fischer Kartografie, Aichach

Printed in Germany
Repro: Artilitho, Trento-Lavis, Italien
Druck/Verarbeitung:
Offizin Andersen Nexö, Leipzig

ISBN 978-3-8003-1593-2

Unser gesamtes Programm finden Sie unter:
www.verlagshaus.com

Fotograf:
Michael Pecha, geboren 1966, lebt in Wien und Rio de Janeiro. Als freier Fotograf und Reisejournalist mit dem Schwerpunktthema Brasilien ist er mit seinen Live-Diavorträgen im gesamten deutschsprachigen Raum unterwegs.
www.foto-production.com

Autor:
Klaus Minihuber ist Historiker und Publizist in Wien. In zahlreichen Veröffentlichungen hat er sich mit dem Schwerpunkt der Geschichte Südamerikas beschäftigt und zahlreiche Texte zu dem Thema Brasilien geschrieben.

Bildnachweis:
Alle Bilder von Michael Pecha mit Ausnahme von:

Christian Heeb:
Schutzumschlag vorne, S. 46/47.

Archiv des Verlags (Michael Welder):
S. 6/7, S. 12/13, S. 18/19, S. 26/27, S. 31 Mitte, S. 32/33 (4 Abb.), S. 35 unten, S. 36/37 (3 SW-Abb.), S. 39 oben, S. 41, S. 42 oben, S. 42 unten, S. 43 unten, S. 44/45 (4 Abb.), S. 56 unten, S. 63 oben, S. 87 oben, S. 88 unten, S. 94/95, S. 96/97, S. 99 oben, S. 102 unten, S. 103 oben, S. 112 links.

Stürtz

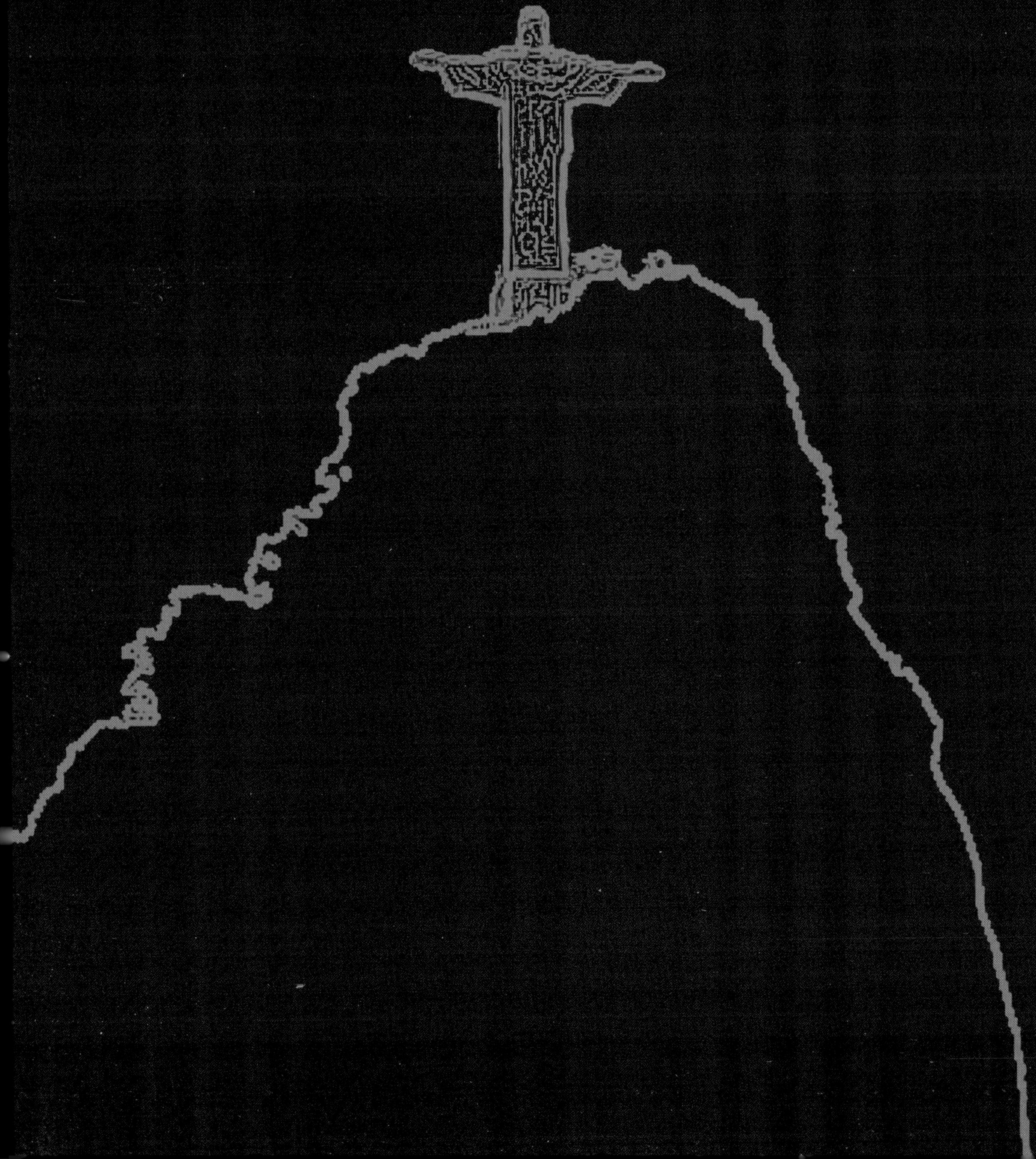